질문으로 시작하는
초등 인문학

질문으로 시작하는
초등 인문학

1판 1쇄 발행일 2017년 1월 10일 **1판 4쇄 발행일** 2021년 9월 28일

글 오늘, 최미선 그림 이형진
펴낸곳 (주)도서출판 북멘토 **펴낸이** 김태완
편집주간 이은아 **편집** 조현정, 김정숙, 조정우
디자인 전혜순, 안상준 **마케팅** 최창호, 민지원
출판등록 제6-800호(2006. 6. 13.)
주소 03990 서울시 마포구 월드컵북로6길 69(연남동 567-11) IK빌딩 3층
전화 02-332-4885 **팩스** 02-6021-4885
ⓘ bookmentorbooks_ _ Ⓕbookmentorbooks ✉ bookmentorbooks@hanmail.net

ⓒ 오늘·최미선 2017

ISBN 978-89-6319-217-8 73120

※ 잘못된 책은 바꾸어 드립니다.
※ 이 책은 저작권법에 따라 보호를 받는 저작물이므로 무단 전재와 무단 복제를 금합니다.
  이 책의 전부 또는 일부를 쓰려면 반드시 저작권자와 출판사의 허락을 받아야 합니다.
※ 책값은 뒤표지에 있습니다.
※ 이 도서의 국립중앙도서관 출판예정도서목록(CIP)은 서지정보유통지원시스템 홈페이지(http://seoji.nl.go.kr)와
  국가자료공동목록시스템(http://www.nl.go.kr/kolisnet)에서 이용하실 수 있습니다. (CIP제어번호: CIP2016031731)

질문으로 시작하는
초등 인문학

오늘·최미선 글
이형진 그림

북멘토

| 추천의 글 |

새로운 세상과 마주하는
특별한 만남으로 초대합니다!

한 권의 책에서 시공을 가로지르며 흥미로운 이야기들과 마주할 수 있다는 것은 참 매력적입니다. 바로 이 책이 그렇습니다. 사실 처음에는 철학, 역사, 음악, 미술, 문학, 건축 등 다양한 분야의 이야기들이 제각각 펼쳐져 있는 줄로만 알았습니다. 하지만 차근차근 책을 읽어 나가면서 이들이 따로 떨어져 있는 것이 아니라 사람과 세상을 너르게 살필 수 있는 인문학으로 함께 어우러진다는 것을 알 수 있었습니다.

무엇보다 이 책이 매력적인 것은 공자, 베토벤, 세종 등 역사적으로 잘 알려진 사람들을 인간미 넘치는 생생한 이야기로 마주 대할 수 있다는 점입니다. 그동안 우리가 알고 있었던 위인으로서의 훌륭한 점만이 아니라 한 인간으로서의 새로운 점을 살필 수 있어서 좋았습니다. 그저 그들이 이룬 위대한 업적을 들여다보는 것이 아니라 새로운 길을 열기 위해, 더 나은 세상을 만들기 위해 치열하게 고민하고 노력하면서 어려움을 딛고 일어선 과정을 헤아려 볼 수 있어서 신선했습니다. 인물들의 삶을 통해 자연스럽게 철학과 역사, 문학과

 언어학, 고고학과 건축학, 음악과 미술 등 다양한 인문학의 분야를 폭넓게 살필 수 있어 행복했습니다.

 특히 각 분야별 시작을 질문으로 열면서 단순히 공자가 훌륭하다고 하는 것이 아니라 과연 공자의 말씀이 무엇인지, 세종은 왜 새로운 문자, 한글을 만들었는지를 아이들 눈높이에서 생각할 수 있게 한 점이 돋보입니다. 인문학 열풍 속에서 자칫하면 학습의 대상으로만 여기기 쉬운 인문학을 아이들의 삶을 풍요롭게 하는 친구가 되도록 안내해 주기 때문입니다.

 이 책을 읽으면서 드넓은 세상의 주인공으로 성장할 아이들이 질문에 대한 답을 찾으며 새로운 사회적 상상력을 열어 가길 바랍니다.

배성호

전국초등사회교과모임 공동대표

차례

추천의 글 • 4

인간과 세상에 대한 질문, 철학
공자 왈, 맹자 왈, 공자 말씀이 뭘까? ································· 10

생각과 마음을 보여 주는 미술
밀레는 어떻게 그림으로 사람들을 위로했을까? ················ 32

사람이 살아온 이야기, 역사
사마천은 왜 만 권의 책을 읽고 만 리를 여행했을까? ········ 54

소리로 감동을 전하는 음악
베토벤의 음악은 왜 위대할까? ·· 74

인문학의 기초, 언어학
세종은 왜 새로운 문자를 만들었을까? ……………………… 96

생활에 필요한 공간을 만드는 건축학
가우디는 왜 자연과 사람을 주의 깊게 살폈을까? ………… 116

다채로운 삶을 들여다보는 문학
허균은 홍길동전에 무엇을 담았을까? ……………………… 138

삶의 흔적을 확인하는 고고학
손보기는 왜 고고학을 연구했을까? ………………………… 160

작가의 말 • 182

인간과 세상에 대한 질문, 철학

공자 왈, 맹자 왈, 공자 말씀이 뭘까?

마을 사람 모두를 스승 삼아 공부하다

"어머니, 제사 지낼 때 절은 이렇게 하는 게 맞지요?"

공자는 고사리 같은 두 손을 공손히 포갠 후 절을 했어. 어린 나이에도 행동 하나하나가 제법 야무졌어. 공자의 이런 행동에 공자의 어머니는 화들짝 놀랐어. 제사 지내는 방법에 대해 한 번도 가르쳐 준 적이 없었기 때문이지.

"절하는 법은 어디서 배웠니?"

"마을 어르신들이 하는 것을 봤어요."

공자는 세 살 때 아버지를 여의고 어머니와 단둘이 어렵게 살아왔어. 공자의 어머니는 부들로 풀신을 만들고, 넝쿨 식물로 바구니를 짜서 시장에 내다 파는 일을 했어. 그런 어머니 옆에서 풀신을 가지고 놀던 공자가 어느 날부터는 제사 지내는 그릇을 가지고 놀기 시작한 거야.

당시에는 조상을 섬기는 제사를 아주 중요하게 생각했어. 조상이 후손들과 가문을 지켜 준다고 굳게 믿었거든. 또 제사의 형식과 절차 속에는 사람이 살아가면서 지켜야 할 도리와 예절이 담겨 있었지. 그래서 제사 지내는 법을 아는 것이 무엇보다 중요하다고 여겼어. 제사 지내는 법을 모르는 것을 아주 부끄러운 일로 여겼고.

어린 공자는 누가 시키지도 않았는데 스스로 제사 지내는 법에 따라 절을 하며 놀았어. 공자의 어머니는 이런 공자의 행동이 기특하기만 했지.

"아버지가 살아 계셨다면 너에게 많은 것을 가르쳐 주셨을 텐데……."

어머니는 아버지를 대신해서 공자에게 서투르게나마 제사 예법을 하나씩 가르쳐 주었지. 제사상 위에 음식을 놓는 위치와 방법, 그 의미에 대해서도 말이야. 공자는 하루가 다르게 의젓하게 커 갔어.

공자와 함께 살아가기 위해 젊었을 때부터 고생을 많이 해서였을까? 공자의 어머니는 공자가 스무 살이 되기도 전에 몸져눕고 말았어.

어느 날 어머니는 공자를 불렀어.

"애야, 아버지는 훌륭한 무관이셨단다. 지금은 이렇게 우리가 가난하게 살고 있지만 네가 이 가문을 일으켜야 한다."

"걱정 마세요, 어머니. 어머니의 고생이 헛되지 않게 더 열심히 공부할게요."

얼마 지나지 않아 어머니는 눈을 감았어. 공자는 고생만 하다 돌아가신 어머니의 마지막 말씀을 가슴 깊이 담았어.

공자는 누구보다 성실히 공부했어. 관직에 나아가기 위해서였지. 살림이 넉넉지 않아 하루에 한 끼 먹기도 힘든 날이 많았지만 공자는 배고픔도 잊은 채 공부에 열중했지. 당시 귀족의 자제들은 이름난 학자를 가정교사로 두고 공부를 했어. 공자에게는 꿈같은 이야기였지. 공자는 궁금한 것이 생기면 마을에서 존경받는 어르신을 찾아가 묻곤 했어.

여느 날과 다름없이 마을 어르신을 만나러 간 공자는 뜻밖의 소식을 들었어.

"이틀 후에 높은 관리 하나가 잔치를 한다는구나. 거기에는 이 나라 유명한 학자들과 관리들이 모두 올 게야. 가서 그들과 이야기를 나누는 것만으로도 큰 가르침을 받을 수 있을지도 모르겠구나."

"고맙습니다, 어르신. 한번 찾아가 가르침을 구해 보겠습니다."

공자에게는 다시없을 기회였지.

이틀 뒤, 공자는 여기저기 꿰매고 덧댄 자국이 많은 옷 중에 그나마 가장 단정한 옷을 골라 입었어. 훌륭한 스승을 만날 수 있다는 생각에 한달음에 잔치가 열리는 집으로 달려갔어. 대문을 들어서려는 순간, 공자는 뒤로 벌러덩 나동그라졌어. 문지기가 공자를 매몰차게 밀쳐 냈던 거야.

"높은 분들이 오는 자리요. 어디 그 몰골을 하고 들어오려고 하시오? 썩 돌아가시오."

공자는 분노가 치밀어 올랐지만 마음을 가다듬고 문지기에게 말했어.

"내 비록 가난하여 옷차림이 이러하나 학문을 하는 사람이오. 어찌 이리 문전박대를 한단 말이오?"

　문지기는 공자의 말을 듣는 둥 마는 둥 하며 다른 손님을 안내하기 바빴어. 공자는 그 모습을 넋 놓고 그저 바라만 보았어. 그러고는 이내 깨달았지.
　'그래, 누구를 탓하랴. 나의 학문이 경지에 이르러 명성이 높았다면 사람들이 먼저 나를 알아보았을 것을.'
　공자는 흙 묻은 옷을 털며 집으로 발걸음을 돌렸어. 그날 이후로 더욱 치열하게 공부에 몰두했지. 그리고 공자는 생각했어.
　'세 사람이 길을 가면, 그중에 반드시 나의 스승이 있게 마련이다.'

공자는 언제 어디서든 누구에게나 배울 것이 있다고 생각한 거야. 예전에는 마을 어르신을 스승 삼아 공부했다면, 이제는 궁금한 것이 있으면 그 누구에게라도 물어보았지. 설령 그 사람이 자신보다 어리더라도 말이야. 길거리나 저잣거리도 공자에게는 모두 배움터였어.

인과 예로써 제자를 가르치다

스무 살이 넘은 공자에게 드디어 관직을 맡을 기회가 생겼어. 창고를 관리하고 가축을 돌보는 일을 하는 아주 낮은 관직이었지. 말단 관직이었지만 공자는 아주 성실히 일했어. 이를 답답하게 여긴 친구가 물었어.

"누가 알아주지도 않는 일을 이토록 열심히 한들 무엇하겠나?"

"나를 알아주지 않을까 봐 걱정하는 것은 아무 의미가 없네. 남이 알아줄 만한 사람이 되도록 스스로 노력하는 것이 중요하지."

공자 역시 높은 벼슬을 하고 싶은 마음이 없지는 않았어. 그러나 그것은 출세하고 싶은 욕심 때문이 아니었어. 높은 관직에 오르면 백성이 편안하게 살 수 있는 정책들을 실제로 펼칠 수 있기 때문이었지. 포부가 있었기에 말단 관직에 있는 것을 한탄하기보다는 맡은 일에 최선을 다하며 자신을 갈고 닦았어. 지금보다 더 열심히 공부를 하면 언젠가 자신의 능력을 펼칠 수 있는 날이 올 거라고 믿었던 거야.

그러나 현실은 공자의 생각과는 달랐어. 몰락한 가문 출신인 공자가 높은 관직에 오르기는 쉽지 않았지.

하지만 공자는 낙담하기는커녕 오히려 학문에 더욱 힘을 쏟았어. 당시 관직에 올라 정치에 참여하기 위해서는 꼭 배워야 하는 것들이 있었어. 먼저 제사나 장례, 혼례를 치르는 방식과 절차를 알아야 했지. 또 문학적인 능력을 갖춰 글을 잘 써야 했고, 수를 계산하는 능력도 있어야 했어. 이 외에도 군사 지식의 하나로 무술을 이해하고, 마차를 모는 기술도 익혀야 했어. 모두 나랏일을 하기 위해서 필요한 지식과 기술이었던 거야. 공자는 이 많은 것들을 혼자서 묵묵히 배워 나갔어.

공자의 살림살이는 여전히 넉넉하지 못했기 때문에 낮에는 일을 하고, 밤에는 자는 시간을 쪼개 공부를 해야 했어. 겨울에는 차가운 방 안에서 추위를 견디며 새벽까지 책을 읽었어. 여름에는 일하는 틈틈이 사람들에

게 가르침을 받기 위해 이리저리 뛰어다니느라 땀이 마를 날이 없었지. 공자는 책을 통해서 깨달음을 얻고, 의문이 생기면 하루고 이틀이고 혼자서 끊임없이 생각했어.

언제 어디서든 배움을 게을리하지 않았던 공자는 사람들 사이에서 유명해졌어. 공자의 명성은 하루가 다르게 널리 퍼져 나갔고, 많은 사람들이 가르침을 받고자 공자의 집에 찾아오기 시작했어.

"그래! 꼭 벼슬을 해야만 나라를 바꿀 수 있는 것은 아니지. 많은 사람들을 제대로 가르쳐 그들이 관리가 된다면 이 또한 나라에 큰 도움이 될 것이다."

공자는 제자들을 받아들이기로 마음먹고 자신의 집 안뜰에 강단을 만들었어. 한 개인이 제자를 받아들이는 것은 당시로서는 아주 놀라운 일이었어. 교육은 나라에서 담당했거든. 그래서 주로 귀족들만이 교육을 받을 수 있었지. 공자는 이러한 방식을 과감하게 깨뜨린 거야.

배움에 목말랐던 사람들이 공자의 집으로 몰려들었어. 그런데 문제가 있었어.

"스승님, 저자는 천민 출신인데 제자로 받아들일 생각이신지요?"

"저 사람은 범죄를 저지른 자입니다. 어찌 이곳에 들이십니까?"

제자들의 걱정스러운 말에 공자는 단호하게 대답했어.

"배우고자 하는 이의 신분과 재산이 중요한 것이냐? 또 나이가 중요한 것이냐? 나는 배우고자 하는 사람이면 누구나 가르칠 생각이다."

공자의 명쾌한 대답에 제자들은 고개를 숙여야 했어. 당시에는 신분의 차별이 엄격했기에 이러한 공자의 생각은 제자들에게 큰 감동을 주었지.

공자는 제자들에게 사람을 사랑하는 일, 즉 '인(仁)'의 중요성을 특히 강조했어. 공자의 '인' 사상에는 사람이 어떤 존재보다 귀하고 소중하다는 의미가 담겨 있어.

어느 날, 공자의 집 마구간에 불이 났어. 사람들은 불을 끄려고 이리저리 뛰었지만 소용이 없었어. 마구간은 모조리 불타 버렸지. 그리고 공자가 아주 아끼던 말도 죽게 되었어. 마구간 관리인은 안절부절못했지. 소식을 들은 공자는 한달음에 집으로 달려왔어.

"소인, 죽을죄를 지었습니다."

마구간 관리인은 고개를 떨구고 기어가는 목소리로 말했어. 공자는 온

화한 목소리로 물었지.

"누구 다친 이는 없느냐?"

그 자리에 있던 사람들은 모두 자신의 귀를 의심했어. 하지만 이내 모두들 공자의 말을 알아듣고는 공자를 더욱 존경하게 됐지. 사람들이 놀란 데에는 이유가 있었어. 그 당시 말은 교통수단이자 전쟁 도구였기 때문에 값이 매우 비쌌어. 한 집안의 아주 소중한 재산이었지. 그래서 사람보다 말을 더 귀하여 여기는 이들이 많았어. 그런데 공자는 값비싼 말보다 사람의 안부를 먼저 물었던 거야.

이러한 것이 바로 공자의 '인' 사상이야. 사람보다 소중한 것은 없다는 생각 말이야.

어느 날 제자 안회가 공자에게 다가와 물었어.

"인을 실천하기 위해서는 어찌해야 합니까?"

"예가 아니면 보지 말고, 예가 아니면 듣지 말며, 예가 아니면 말하지 말고, 예가 아니면 움직이지 말거라."

공자가 생각하는 '예(禮)'는 바로 '사회 질서'와 '규칙'이었어.

또한 공자는 제자들의 성격과 제자들이 처한 상황에 따라 달리 가르쳤어. 성격이 급한 제자는 차분하게 생각할 수 있도록 가르쳤고, 소극적인 성격의 제자는 생각한 바를 직접 행동으로 옮길 수 있도록 가르쳤어. 왜냐하면 공자는 제자들이 배움을 통해서 어느 한쪽으로 치우치지 않고 균형 잡힌 삶을 살기를 바랐기 때문이야.

그것이 공자의 교육 방식이었어.

세상에 뜻을 펼치다

시간이 흘러 공자의 나이 쉰 살에 이르러 마침내 뜻을 펼칠 기회가 찾아왔어.

공자의 명성은 널리 퍼져 노나라의 군주, 노정공의 귀에까지 들어갔어. 당시 노나라의 상황은 바람 앞의 등불과 같이 매우 위태로웠어. 주변 나라들은 점점 힘을 키워 노나라를 쳐들어갈 기회를 호시탐탐 노리고 있었고, 나라 안에는 군주보다 더 큰 힘을 가진 신하들이 있었지. 언제든 기회만 되면 군주를 끌어내리고 자신들이 군주가 되려는 무리들이 있었던 거야. 노나라에서는 군주와 신하 사이에 '예'가 사라진 지 오래였어.

공자는 제자들에게 늘 말하곤 했어.

"나라가 잘 되려면 임금은 임금다워야 하고, 신하는 신하다워야 하며, 부모는 부모다워야 하고, 자식은 자식다워야 하느니라."

공자는 사람들이 자신의 위치에서 욕심을 부리지 않고 최선을 다해 일한다면 나라가 바로 설 수 있다고 생각했지.

노나라의 군주는 공자의 이러한 철학이 믿음직스러웠어. 그래서 공자에게 중도라는 지역을 관리하는 직책을 맡겼어. 공자는 자신이 오랫동안 생각해 왔던 방식대로 백성을 다스리기로 마음먹었어.

'형법으로 죄지은 백성들을 엄하게 처벌하면 일시적으로는 범죄가 줄어들겠지. 하지만 죄를 저지르는 일이 부끄러운 일인지는 깨닫지 못할 거야. 백성들에게 부끄러움을 가르쳐 알게 하면 진심이 우러나와 법을

따르게 되겠지.'

　공자는 백성들에게 노인을 공경하고 아이들을 사랑으로 키우라고 가르쳤어. 또 자식은 부모에게 효도하고, 부부는 서로 존중할 것을 강조했어. 사람으로서 마땅히 행해야 할 도리와 질서를 가르친 거야. 당시는 이러한 것들이 잘 지켜지지 않았던 시절이었거든.

　공자가 중도 지역을 다스린 지 석 달이 지나자 사람들 사이에 조금씩 변화가 생겼어. 장사꾼들은 물건값을 속이지 않았고, 사람들은 길에 물건이 떨어져 있어도 몰래 주워가지 않았어. 사람들 사이에 규칙과 질서가 생기면서 사회 질서가 바로 서기 시작한 거야. 바로 공자가 강조하는 '예' 말이야. 중도 지역은 노나라에서 가장 살기 좋은 곳으로 소문이 나기 시작했어.

　공자의 뛰어난 능력을 알게 된 노나라 군주는 공자에게 더 높은 관직을 내렸어. 공자가 노나라의 정치에 참여하면서부터 노나라는 점점 안정을 되찾아 갔어.

　그런데 이를 못마땅하게 지켜보던 나라가 있었어. 바로 노나라와 가깝게 붙어 있던 제나라였지. 노나라의 정치가 불안할수록 제나라는 유리했어. 언제라도 노나라에 쳐들어갈 수 있으니까 말이야. 하지만 공자가 나타나면서 불가능한 일이 되어 가고 있으니 못마땅할 수밖에. 제나라 신하들은 군주에게 아뢰었어.

　"공자가 노나라 정치에 계속 관여하면 필시 제나라가 위태로워질 것입니다. 반드시 새로운 대비책이 필요합니다."

"어찌하면 좋겠소?"

"노나라에 회담을 하자고 한 후, 회담 도중에 무력으로 노나라 군주를 제압하고 노나라를 굴복시키십시오."

이 같은 사실을 까맣게 모르고 있던 노나라 군주는 제나라의 제의를 흔쾌히 받아들였어. 이 소식을 듣고 공자는 급히 군주를 찾아가 말했어.

"다른 나라와 회담을 할 때에는 반드시 군사적인 대비를 해야 합니다. 문관과 무관을 모두 데리고 가십시오."

노나라 군주는 공자의 말에 따라 군사를 이끌고 회담장에 나갔어. 회담장의 분위기는 살얼음판을 걷는 듯했어. 팽팽한 긴장감 속에 두 나라의 군주는 침묵을 지켰지. 이때 갑자기 제나라의 관리가 소리쳤어.

"춤과 노래를 시작하라!"

그러자 어디에 숨어 있었는지 창과 검을 든 사람들이 고함을 지르며 노나라 군주를 향해 우르르 몰려나왔어. 회담장은 순식간에 어지럽혀졌고, 노나라 문관과 무관들은 정신을 차릴 수가 없었지.

하지만 단 한 사람, 공자만은 처음부터 끝까지 모든 광경을 하나도 빼놓지 않고 주시하고 있었어. 공자는 단숨에 높은 곳으로 뛰어 올라갔어. 그러고는 제나라 관리를 향해 소리쳤지.

"양국의 군주가 평화롭게 회담을 나누는 자리에 창과 검이 웬 말이오? 그대는 예법도 모르시오?"

비록 쉰 살이 넘은 노인이었지만, 키가 9척이 넘는 우람한 풍채에서 나오는 공자의 목소리는 여느 장수보다 우렁찼지. 서슬 퍼런 눈빛을 내뿜는 공자의 뒤에는 노나라 병사들이 줄지어 서 있었어. 언제라도 맞서 싸울 준비가 된 채로 말이야. 이에 제나라 군주와 관리들은 그들의 계획을 포기해야 했지. 공자는 기지를 발휘해 노나라를 큰 위기에서 구해 낼 수 있었어.

가르침이 제자들에게 이어지다

　노나라에 모처럼 평화가 찾아왔지만 그리 오래가지는 못했어. 노나라 군주가 승리감에 젖어 나랏일을 돌보지 않기 시작한 거야. 매일 풍악을 울리며 술과 여자에 빠져 지냈지. 이를 걱정하던 공자는 하루가 멀다 하고 노나라 군주를 찾아갔어.

　"오늘은 급히 처리해야 할 일이 있으니 만날 수 없다고 전하거라."

　노나라 군주는 귀찮아하며 공자를 만나 주지 않았어.

　"군주가 자신의 역할을 다하지 않는 이 땅에서는 더 이상 나의 뜻을 펼칠 수 없겠구나."

　공자는 관직을 내려놓고 노나라 땅을 떠나기로 마음먹었어. 공자는 제자들과 함께 위나라, 조나라, 송나라, 정나라, 진나라, 채나라, 초나라 등 여러 나라를 떠돌아다니며 나라를 다스리는 바른 방법을 널리 알리기 위해 노력했어.

　당시 중국은 역사상 가장 혼란스러운 시기에 있었어. 중국 영토는 여러 나라로 분열되어 있었고, 각 나라의 군주들은 서로 다른 나라를 차지하기 위해 끊임없이 전쟁을 일으켰어. '예'보다는 '힘'이 중요한 때였지. 그러다 보니 공자가 주장하는 '인'과 '예'를 실천할 나라는 어디에도 없었어.

　공자는 무려 14년간의 방랑 생활을 마치고 노나라로 돌아왔어. 이때 공자의 나이는 일흔 살에 가까웠지. 하지만 그동안의 시간이 헛된 것은 아니었어. 그 사이 공자의 제자들이 각국 군주들에게 등용됐던 거야.

처음 제자를 받아들이기로 했을 때 공자는 생각했지. 자신이 정치에 참여할 수 없더라도 제자들이 자신을 대신해 바른 정치를 펼칠 거라고 말이야. 그래서인지 공자는 노나라로 돌아와서 제자들을 더욱 체계적으로 가르치기 시작했어.

하지만 공자는 자신의 삶이 얼마 남지 않았다는 것을 느꼈어.

'내게 허락된 시간 동안 제자들을 가르치고, 책을 써야겠구나. 현세에서는 나의 뜻을 제대로 펼치지 못했으니 후손들에게나마 나의 생각을 전해야겠어.'

공자는 제자들에게 가르쳤던 내용을 책으로 써 나가기 시작했어. 그리고 예로부터 내려온 책들을 수정해서 다시 펴내기도 했지.

노나라에 돌아온 지 5년이 채 되지 않은 어느 봄날, 공자는 제자들이 지켜보는 가운데 숨을 거두었어.

공자의 업적은 살아 있을 때보다 후세에 더욱 빛나게 되었어. 공자의 가르침을 이어받은 제자들이 공자의 사상을 학문으로 발전시켰거든. 바로 '유교'로 말이야.

공자가 가르친 제자는 3천여 명에 달해. 그중에 70여 명은 공자에게서 오랫동안 가르침을 받은 제자들이었어. 이들은 공자가 세상을 떠난 후 여러 나라로 흩어져 각 나라 군주들의 스승이 되거나 재상이 되어 공자의 사상을 널리 퍼뜨렸어. 또 이들은 공자와 나눈 이야기와 공자의 가르침을 모아 『논어』라는 책을 펴내기도 했지. 많은 사람들이 『논어』를 통해서 공자의 학문을 배웠어.

그리고 공자가 엮은 역사서 『춘추』는 『논어』와 더불어 유교를 공부하는 이들에게 없어서는 안 될 소중한 자료가 됐지.

공자의 유교는 우리나라에도 아주 큰 영향을 미쳤어. 조선의 건국 이념이자 통치의 기본이 바로 유교였거든.

조선의 왕들은 백성들을 위한 정책을 펼치며 백성이 나라의 근본이라는 유교의 이념을 충실히 따르고자 했어. 이와 더불어 나라에서는 유교에서 가르치는 규범과 도리를 쉽게 풀이한 책을 만들어 백성들에게 널리 알리고자 노력했지. 조선의 왕과 신하 그리고 백성들은 유교적 가르침에 따라 바르게 살면 진정으로 살기 좋은 나라가 될 거라고 믿었던 거야.

공자 孔子

중국 취푸에 있는 공자 사당.

기원전 551년 중국 산둥 성의 취푸에서 태어났다.
기원전 546년 놀이를 할 때 제사의 법도에 따라 절을 하고 놀았다.
기원전 537년 학문에 뜻을 두었다.
기원전 532년 처음으로 노나라에서 벼슬을 하였는데, 가축을 기르는 일을 담당했다.
기원전 522년 육예(예의범절, 음악, 활쏘기, 말타기, 붓글씨, 수학)에 능통하였다.
　　　　　　제자들을 가르치기 시작했다.
기원전 517년 노나라의 혼란을 피해 제나라로 갔다. 제나라의 군주 경공이
　　　　　　정치에 대해 물었다.
기원전 515년 제나라에서 노나라로 돌아갔다.
기원전 506년 주나라 군주 은공이 즉위하여 신하를 통해 공자에게
　　　　　　예를 물었다.
기원전 501년 노나라 중도 지역의 재상이 되어 어질게 다스렸다.
기원전 500년 노나라 군주 정공이 제나라와 협상할 때 잘 보좌하여
　　　　　　노나라를 위급한 상황에서 구했다. 이를 계기로
　　　　　　노나라 정권에서 중요한 위치를 차지했다.
기원전 497년 노나라 군주가 타락의 길을 걷자 노나라를 떠났다.
　　　　　　이후 14년 동안 제후국들을 떠돌아다녔다.
기원전 484년 노나라로 돌아와 고전을 정리하고 제자 교육에 힘썼다.
기원전 479년 병석에 누운 지 7일 만에 세상을 떠났다.

독일 베를린에 세워진 공자상.

공자 아저씨,
왜 인과 예를 가장 중요하게 여기셨나요?

내가 살던 때는 정치적으로 아주 혼란스러운 시기였어. 중국 영토는 여러 나라로 분열되어 있었고, 각 나라의 군주들은 천하를 통일하기 위해 계속해서 전쟁을 치렀어. 끝없는 전쟁 속에 백성들은 굶어 죽거나 싸우다가 죽어야 했지. 고통스러운 시기에 나 같은 철학자들은 어떻게 하면 인간이 더 나은 세상에서 살 수 있을까를 고민했단다.

나는 그 해결책으로 군주가 사람을 사랑하는 마음, 즉 '인(仁)'을 가져야 한다고 생각했어. 사람이 가장 소중한 존재라는 생각을 가지면 다른 사람을 도와주거나 보살펴 주기 위해 애쓰게 되고 그러면 결국 사회가 평화로워지고 안정되겠지. 나는 이렇게 사회의 질서가 바로잡힌 상태를 '예(禮)'라고 생각했어. 인간이 가지고 있는 바른 품성을 잘 실천한다면 전쟁과 같은 사회 혼란을 잠재울 수 있을 거라고 믿었단다.

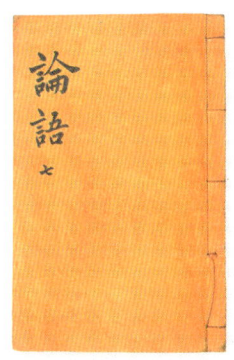
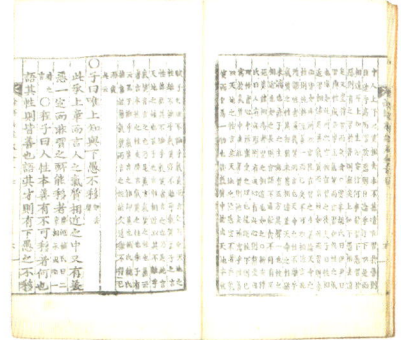

『논어(論語)』
공자와 제자들이 세상 돌아가는 이치, 정치와 경제, 문화, 교육 등 다양한 분야에 걸쳐 토론한 내용이 담겨 있는 책이다.

철학이란 무엇일까요?

철학은 인간과 세계에 대한 근본 원리를 연구하는 학문이에요. 한 개인에서부터 우주 전체에 이르기까지 모든 것을 탐구하는 학문이죠. 연구하는 대상도 많고, 그 폭도 아주 넓어서 어렵게 느껴지기도 해요.

하지만 철학은 생각하는 능력만 있다면 누구나 할 수 있어요. 어떤 것에 대해 질문하고, 그 질문에 대해 끊임없이 생각하고, 그것에 대한 답을 찾기 위해 계속해서 노력하는 것이 바로 철학이니까요.

철학은 나와 세상에 대해 질문을 던지는 것에서 시작해요. 아주 사소한 것, 당연하게 생각했던 것들에 대한 질문도 좋아요. '지구는 정말 둥글까?', '슬플 때 왜 눈물이 날까?', '왜 부자와 가난한 사람이 존재할까?', '배는 어떻게 물 위에 뜰까?'와 같은 질문 말이에요. 이런 질문에 대해 생각하다 보면 하나의 질문이 과학, 심리학, 사회학, 수학 등 다양한 학문과 연결된다는 것을 알게 되지요. 철학을 기초로 해서 다양한 학문이 발전되어 나갔기 때문이에요.

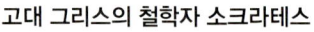

고대 그리스의 철학자 소크라테스
공자가 동양의 대표적인 철학자라면 소크라테스는 서양의 대표적인 철학자이다. "너 자신을 알라."라는 명언으로 유명하다.

철학이 왜 인문학일까요?

　세상은 다양한 분야로 나뉘어 있어요. 사람들은 자신이 흥미를 느끼거나 좋아하는 분야를 공부해서 직업을 선택해요. 그런데 어떤 삶을 살든, 어떤 직업을 택하든 꼭 필요한 공부가 있어요. 그것은 바로 철학이에요. 모든 분야에는 반드시 생각해 보아야 할 문제들이 있기 때문이에요.

　정치를 예로 들어 볼게요. 만약 철학이 없었다면 오늘날까지도 노예 제도가 존재하는 나라에 살고 있을지도 몰라요. 철학자들은 인간이란 무엇인지, 어떻게 하면 인간이 행복하게 살 수 있는지 오랜 세월 고민했어요. 그래서 이상적인 국가의 모습은 어떤 것인지에 대해서도 의문을 가졌죠. 이런 질문들이 발전하여 현재의 정치 제도를 만들어 낸 거예요.

　과학은 또 어떤가요? 오늘날의 과학은 복제 동물을 만들어 낼 만큼 발전했어요. 머지않아 인간 복제도 가능한 시대가 올 거라고 기대하고 있지요. 하지만 우리에게는 철학이 있기 때문에 인간 복제가 가져올 문제점에 대해 심각하게 고민해요. 인간이 인간을 창조하는 것이 과연 옳은 일인지, 그것이 인간의 존엄성을 해치지는 않을지 걱정하고 고민하는 거죠.

　이렇게 철학은 인간이 존엄성을 지키며 좀 더 인간답게 살 수 있도록 사람들을 인도해요. 무조건 잘살고 발전하면 좋은 것이 아니라, 어떻게 사는 것이 올바르게 사는 것인지 생각하도록 우리를 이끄는 거죠.

로댕의 조각상 〈생각하는 사람〉

생각과 마음을 보여 주는 미술

밀레는 어떻게 그림으로 사람들을 위로했을까?

그림 공부를 시작하다

"이 그림을 정말 이 아이가 그렸단 말이오? 지금 나를 놀리시오?"

그림 한 장을 들고 온 소년과 그의 아버지에게 화가는 퉁명스럽게 말했어. 화가는 그림보다는 검게 그을린 소년의 거친 손에 더 눈길이 갔어. 지금껏 아버지를 도와 농사일만 했을 아이가 이렇게 섬세하고 감각적인 그림을 그렸을 리가 없다고 생각한 거야.

소년은 하는 수 없이 두툼한 외투 속에서 돌돌 말린 그림 한 장을 수줍게 꺼내 놓았어. 화가는 고개를 갸웃거리며 그림을 펼쳐 보았지. 저녁 무렵, 화롯가에서 꾸벅꾸벅 졸고 있는 남자의 모습이었어. 고개를 떨어뜨릴 듯 말 듯 아슬아슬함마저 느껴졌어. 흥미가 생긴 화가는 그림을 더욱 찬찬히 살펴보고는 미소를 지었지. 그림 속 주인공이 누군지 알아챘거든. 바로 소년의 아버지였어.

"이 그림은 누가 대신 그려 줄 수 있는 그림이 아니군요. 아버지에 대한 애틋함이 그대로 전해지니 말입니다. 어째서 이런 재능을 가진 아이를 내버려 뒀단 말입니까?"

화가는 소년의 아버지에게 안타까운 듯 말했어. 그리고 소년을 바라보며 물었지.

"이름이 무엇이냐?"

"장 프랑스와 밀레입니다."

밀레의 집은 프랑스의 조그만 시골 마을에 있었어. 대대로 농사를 지어 온 집안에서 장남으로 태어난 밀레는 집안을 책임져야 했지. 하지만 밀레의 재능을 모른 체할 수 없었던 아버지가 큰 결심을 한 거야.

"애야, 이제 제대로 된 그림 공부를 해 보거라. 그래서 나 같은 농부 그림만 그리지 말고 다른 화가들처럼 멋진 풍경화나 조각상 같은 것을 그려 보렴."

아버지는 밀레가 농부들처럼 평범한 사람들만 그리는 것이 그림 교육을 제대로 받지 못해서일 거라고 생각했지. 하지만 밀레의 생각은 조금 달랐어.

"저는 일하는 농부들의 모습을 그리는 게 정말 좋아요."

밀레의 대답을 듣고 아버지는 걱정이 됐어.

"나는 그림에 대해서는 모르지만 우리 같은 농부를 그린 그림이 무슨 예술 작품이 되겠니? 좀 더 고귀한 사람들을 그려야지."

아버지의 말이라면 항상 귀담아듣던 밀레였지만 이번만큼은 고집을 꺾지 않았어.

"아버지, 우리 같은 농부들은 가난하고 보잘것없지만 땅에 씨앗을 뿌려 생명을 키우는 사람들이잖아요. 그것만큼 고귀한 일이 어디 있겠어요? 따가운 햇볕에 까맣게 그을린 얼굴로 옷이 땀에 흠뻑 젖는 줄도 모르고 일하는 농부들의 모습이 저에게는 가장 아름다워 보여요."

아버지는 확신에 찬 밀레의 대답을 듣고는 말없이 고개를 끄덕일 수밖에 없었지. 밀레는 농사일을 마치고 집에 돌아오면 하루 내 보았던 사람들의 모습을 그렸어. 써레질을 하고, 씨를 뿌리고, 거름을 주는 농부들의 모습을 말이야.

어느 날, 밀레는 아버지와 함께 집에 오는 길에 한동네에 사는 제라르 아저씨를 만났어. 제라르 아저씨는 밭에서 괭이질을 하고 있었지. 억센 풀과 돌이 많아 여간 힘들어 보이는 게 아니었어.

다음 날 밀레는 제라르 아저씨에게 그림 한 장을 내밀었어. 낡고 해진 옷을 입은 농부가 농사일에 지쳐 괭이에 기대어 쉬고 있는 모습이었어.

"하하하, 나 같은 가난뱅이 농사꾼을 그린다더니 참말이구나. 그런데 가만, 내가 이렇게 못생겼단 말이냐?"

머쓱해진 밀레는 뒷머리를 긁적였어.

"괜찮아. 나 같은 사람이 그림 속 주인공이 되다니 고마워서 한 말이란다. 오늘도 하루 종일 밭을 갈아야 하는데 네 그림을 보니 힘이 나는구나. 고맙다."

 밀레의 그림은 힘겨운 농사일로 지친 마을 사람들의 마음을 달래 주었지. 그래서 마을 사람들은 밀레의 그림을 무척이나 좋아했어. 너도나도 그림 속 모델이 되고 싶어 했지. 밀레의 그림은 조그만 시골 마을에서 큰 화제였고, 지역 화가들도 밀레의 그림을 보러 찾아올 정도였어.

 마침내 이토록 뛰어난 능력을 지닌 소년을 시골 마을에 가둬 놓아선 안 된다고 주장하는 사람들도 생겨났어.

 "밀레는 이곳에서 더 배울 것이 없습니다. 파리로 보내야 합니다."

 하지만 밀레는 파리로 떠나는 걸 주저했어. 아버지가 뇌염으로 갑자기 돌아가신 후였거든. 가뜩이나 어려운 집안 형편에 도움이 되지는 못할망

정 파리로 유학 가는 일은 상상도 할 수 없었지.

어느 늦은 밤, 어머니는 조용히 밀레를 불렀어.

"사랑하는 내 아들아, 아버지는 네가 화가가 되길 원했지. 우리 형편 때문에 네가 꿈을 포기하는 건 하늘나라에서도 원치 않을 것 같구나. 파리로 가렴."

"……."

밀레의 눈에는 눈물이 그렁그렁했어. 행여 어머니가 볼세라 고개를 돌려 눈물을 훔쳤지. 그리고 나선 결심에 찬 목소리로 말했어.

"어머니, 우리처럼 가난한 사람들의 마음을 따듯하게 어루만져 주는 화가가 될게요."

어머니는 아들을 꼭 껴안아 주었어. 얼마 후, 밀레는 시 의회에서 주는 장학금을 받아 파리로 떠났어.

힘겨운 파리 생활, 화가의 길로 들어서다

1837년 1월, 밀레는 파리에 도착했어. 조용하고 한가로운 고향과 달리 파리는 수많은 사람들과 마차들로 북적였어.

"후유!"

밀레는 한숨을 내쉬었어. 복잡하고 삭막한 파리 생활이 시작된 거야.

밀레는 당시 인기가 높았던 '폴 들라로슈'라는 화가의 화실에서 그림을 그리기 시작했어. 그런데 밀레의 그림을 본 다른 학생들은 밀레를 마뜩

잖아했어.

"이게 뭐야. 설마 걸인을 그린 거야? 품위 없이 이따위 그림이나 그리려고 여기 들어왔어?"

동료들이 아무리 빈정거려도 대거리 한 번 한 적 없었던 밀레가 처음으로 단호하게 말했어.

"이 그림은 걸인이 아니라 아이를 위해 구걸하는 어머니의 모습이야. 자네는 배고픈 자식을 위해 거리로 나선 어머니의 애틋한 마음은 보이지 않나?"

"이봐, 촌뜨기! 고대 인물상이나 정물화를 그리란 말이야."

밀레는 이번에도 지지 않고 말했어.

"난 가난한 사람들과 힘들게 일하는 사람들에게 희망이 되는 그림을 그리고 싶어. 미술은 고통스러운 인간의 삶을 위로해 주어야 해."

밀레의 말에 순간 정적이 흘렀어. 하지만 그것도 잠시, 동료 하나가 밀레를 비웃으며 말했어.

"흥! 누가 그런 그림을 돈 주고 사겠어?"

동료의 말이 틀린 것만은 아니었어. 밀레가 그린 그림은 팔리지 않았지. 게다가 고향에서 약속받았던 장학금은 이미 끊긴 지 오래였어. 고향 집은 생활비를 보낼 형편도 아니었고 말이야. 밀레는 가난에 시달렸어. 굶기를 밥 먹듯 했지만 결코 자신의 신념을 포기하지는 않았어.

밀레는 말주변도 없고 사람들에게 친근하게 다가가는 방법도 몰랐지만 주변에 항상 친구들이 많았지. 밀레가 그린 그림의 가치를 알아본 친구들이었어. 밀레의 그림을 특히 좋아했던 친구는 미술 비평가 '알프레드 상시에'와 화가 '테오도르 루소'였어. 셋은 함께 모여 밀레의 그림에 대해 이야기하곤 했지.

알프레드 상시에가 밀레에게 말했어.

"자네 그림을 보고 있으면 자네가 얼마나 인간을 사랑하는지, 다른 사람의 고통을 함께 아파하는지 알 수 있지."

테오도르 루소도 한마디 거들었어.

"밀레, 자네의 그림 속 농부들은 검게 그을린 피부에 남루한 옷을 입고 있어. 광대뼈는 툭 튀어나오고 아름다움이라고는 찾아볼 수 없지. 그런데 신기한 점은 열심히 일하고 있는 이 농부들의 모습이 결코 추해 보이지 않는다는 거야."

밀레는 손사래를 치며 말했어.

"과한 칭찬일세. 자네들이라도 그렇게 말해 주니 고맙네. 다른 사람들은 내 그림을 깎아내리기에 급급한데 말이야."

밀레의 말대로 밀레의 그림을 싫어하는 사람들도 많았지.

어느 날, 밀레는 전시회에서 한 평론가와 마주쳤어. 평론가는 밀레에게 따지듯 물었어.

"당신은 농부들을 일부러 불쌍하게 그려 놓더군. 잘사는 사람들과 비교되게 말이야. 당신 속셈은 가난한 사람들을 화나게 해서 그들로 하여금 나라를 뒤엎게 하려는 거지?"

"좋을 대로 생각하시오. 내가 그린 농부들은 힘들고 비참한 생활 속에

서도 희망을 버리지 않는 사람들입니다. 땀 흘려 일하는 그들의 모습에서 나는 위대함을 느낍니다. 나는 그것을 표현하고 싶을 뿐입니다."

평론가는 밀레의 대답에 콧방귀를 뀌며 말했어.

"예술은 아름다움을 추구해. 사람들은 아름다운 그림을 원한다고! 당신은 분명 다른 목적이 있어서 일부러 추한 그림을 그리는 거야!"

"예술은 단순히 화려하고 예쁜 것만을 추구하는 게 아닙니다. 인간의 슬픔과 고통까지도 표현할 줄 아는 것이 진정한 예술이지요."

평론가들은 밀레가 나쁜 의도를 가지고 그림을 그린다고 비난했어. 하지만 밀레는 평론가들의 말에 휘둘리지 않고 묵묵히 자신이 그리고 싶은 그림을 계속 그렸어.

제2의 고향 바르비종에서 농부의 삶을 그리다

1849년, 파리에서는 콜레라가 기승을 부렸어. 당시 밀레는 결혼해서 아내와 아이까지 있었기 때문에 빨리 파리를 떠나야 했지. 밀레는 화가 친구들과 함께 파리에서 조금 떨어진 시골 마을 바르비종으로 이사하기로 했어. 너른 들녘과 아름다운 숲이 있어 밀레의 고향과도 아주 많이 닮은 곳이었지.

밀레는 농가를 빌려 화실을 차리고, 작은 텃밭에서 농사도 지었어.

"이곳에는 내가 그리고 싶은 모든 것이 있어. 땅, 열심히 일하는 농부들, 아름다운 숲……. 모두 나에게 영감을 주는 것들이야."

하지만 행복한 시간도 잠시, 밀레는 빚쟁이들에게 시달려야 했어. 그림이 팔리지 않아 그동안 여기저기에서 빌린 돈을 갚지 못하고 있었거든. 하루가 멀다 하고 빚쟁이들이 찾아와 화실을 뒤엎어 놓았지. 온갖 모욕적인 말도 들어야 했고. 밀레는 심한 두통에 시달렸어. 그럴 때마다 밀레는 화실에서 뛰쳐나와 걷고 또 걸었어.

바르비종의 들녘을 걷고 있노라면 자신의 덩치보다 몇 곱절 큰 나뭇단을 짊어진 여인과 척박한 땅을 일구느라 기진맥진한 농부와 마주치곤 했지. 또 허리 한 번 펴지 못하고 건초를 나르는 여인도 밀레의 눈을 사로잡았어. 밀레는 가난 속에서도 희망을 버리지 않고 열심히 일하는 사람들의 모습을 보면서 위로를 받았어.

"그래, 희망을 버리지 말자. 나도 저 사람들처럼 내 일을 하는 거야."

밀레는 전보다 더 열심히 그림을 그렸어. 언제 어디서나 그림을 끄적거렸어. 친구들과 이야기를 할 때도 가족들과 밥을 먹을 때도 말이야. 손에 잡히는 것이라면 무엇이든 붓이 되었고, 흙바닥이든 식탁이든 밀레가 앉았다 하면 멋진 캔버스가 되었어.

　추수가 한창이던 날, 밀레는 여느 때와 마찬가지로 산책을 나갔어. 한참을 걷다가 산처럼 솟은 건초 더미 아래에서 휴식을 취하는 사람들을 보았지. 모두들 검게 그을린 얼굴에 초라한 옷을 입고 있었어. 그들은 온몸에 흙먼지를 뒤집어쓴 채 들판에 앉아 밥을 먹고 있었지.

"아!"

자연과 어우러진 사람들의 모습이 밀레에겐 너무 아름답게 보였어. 잠깐의 휴식으로 노동의 고단함을 달래는 소박한 농부들의 모습에서는 거룩함마저 느껴졌어. 밀레는 당장 화실로 달려가 그 장면을 떠올리며 그림을 그렸지. 밥 먹는 것도 잠자는 것도 잊은 채 말이야.

그림을 완성한 지 얼마나 지났을까. 알프레드 상시에가 밀레의 화실로 뛰어 들어오며 외쳤어.

"이보게, 밀레! 자네가 드디어 해냈어!"

밀레가 받은 감동이 사람들에게 고스란히 전해져 살롱전에서 2등상을 받게 된 거야. 당시 살롱전은 화가들이 예술계에 이름을 알릴 수 있는 중요한 전시회였어. 대중들에게 작품을 선보일 수 있는 유일한 기회이기도 했고.

밀레는 한동안 아무 말도 할 수가 없었어. 곁에 있던 친구도 밀레를 말없이 바라보기만 했지.

얼마나 시간이 지났을까. 밀레의 어깨가 들썩거렸어.

"흑흑."

밀레는 기쁨의 눈물을 흘렸어. 평론가들의 온갖 비난 속에서도 가난한 농촌의 모습을 그려 온 자신의 노력이 헛되지 않았다는 걸 확신하게 됐지. 사람들은 점차 밀레의 그림 속에서 숭고한 노동의 가치를 발견하기 시작했어.

사람들의 인정을 받다

"뎅……. 뎅……. 뎅……."

해 질 무렵 바르비종의 들판에 종소리가 울려 퍼졌어. 하루 중 밀레가 가장 좋아하는 시간이었지. 밀레는 성당에서 들려오는 종소리에 귀를 기울이며 눈을 감았어.

종소리를 듣고 있노라면 밀레는 할머니가 생각났어. 밀레의 할머니는 들에서 일을 하다가도 종소리가 들리면 하던 일을 멈추고 죽은 사람들을 위해 기도를 드렸거든.

밀레는 살며시 감았던 눈을 뜨고 캔버스에 그림을 그리기 시작했어.

먼저 어둑어둑한 너른 들판을 그리고, 그 위에 흙먼지를 잔뜩 뒤집어쓴 부부를 그렸어. 부부는 고개를 숙이고 두 손을 모아 기도를 드리고 있지. 그리고 기도하는 부부 앞에 작은 나무 관 하나를 그렸어. 나무 관 속에는 다름 아닌 죽은 아기가 담겨 있었지. 그 당시 농촌에서는 가난과 질병으로 일찍 세상을 떠나는 아이들이 많았거든. 밀레는 비참한 농촌의 현실을 표현하고 싶었어.

밀레는 완성된 그림을 친구에게 보여 주었어. 그림을 본 친구는 화들짝 놀랐지.

"이보게, 지금 제정신인가? 자네의 뜻은 알겠지만 이렇게 충격적인 그림은 오히려 사람들의 반감을 살 걸세."

"자네도 그렇게 생각하나?"

고집 센 밀레였지만 무슨 영문인지 이번만큼은 자신의 뜻을 내세우지 않았어. 친구는 밀레의 뜻밖의 반응에 신기해하며 물었어.

"어쩐 일로 순순히 내 말을 듣는 건가?"

"사실 나도 이 그림을 보고 있자니 마음이 너무 아파서 견디기가 힘들었다네. 가난한 농촌 사람들을 위로하려고 그렸는데 오히려 더 힘들게 하는 것 같아서 고민했었네."

 오랜 고민 끝에 밀레는 다시 붓을 집어 들었어. 그러고선 아기의 관 위에 감자를 덮어 그렸어. 이 그림의 비밀을 아는 사람은 많지 않았지. 밀레는 그림 제목을 저녁 종이라는 뜻의 〈만종〉이라고 붙이고 자신의 그림 중에서 가장 아꼈어.

 끊임없이 농촌의 현실을 그리는 데 열중하던 밀레에게 새로운 기회가 찾아왔어. 교황의 전용 열차를 장식할 그림을 그릴 화가로 추천을 받은 거야. 하지만 책임자는 세간에 떠도는 밀레의 소문 때문에 여전히 결정을 내리지 못하고 있었어. 가난한 사람들을 선동해 나라를 혼란에 빠트리고자 하는 그림을 그린다는 평가였지.

 이 사실을 알게 된 밀레의 친구가 바느질하는 여자들을 그린 밀레의 그림을 들고 책임자를 찾아갔어. 물론 밀레의 그림인지는 알려 주지 않은 채 말이야.

"화가인 제 친구가 그린 그림인데 평가를 좀 부탁드립니다."

"흠, 여인들이 열심히 일하는 모습이네요. 가난하지만 성실하게 살아가는 모습이고요. 마음이 따뜻해지는 그림입니다."

"그렇지요? 이 그림이 바로 밀레가 그린 그림입니다. 그 친구의 그림을 편견 없이 바라봐 주십시오."

책임자는 호탕하게 웃으며 말했어.

"제가 실수를 할 뻔했군요. 그분의 그림을 직접 보지도 않고 소문만으로 평가를 했으니 말이에요."

결국 밀레는 교황 전용 열차의 그림을 그릴 수 있게 됐지. 밀레의 그림은 1867년 파리에서 열린 만국 박람회에서도 큰 인기를 끌었어.

그 후 밀레는 자신의 작품들을 한데 모아 전시회를 열었지. 하지만 큰 기대는 하지 않았어. 평론가들로부터 좋은 평가를 받은 적이 별로 없었기 때문이야. 밀레의 작품을 모두 살펴본 한 평론가가 말했어.

"이 화가는 오랫동안 끈질기게 농촌의 풍경과 농부의 모습을 그려 냈군요. 아름답게 포장하지 않고 투박한 모습을 있는 그대로 그렸어요. 그들에 대한 애정을 듬뿍 담은 채 말이에요."

그동안 밀레를 가난한 사람들만 그리는 괴짜 화가로 오해하던 사람들도 밀레의 그림을 다시 평가했어.

밀레의 전시회는 성공적이었어. 사람들이 밀레의 그림을 제대로 이해하기 시작했지. 밀레가 바라던 대로 말이야. 밀레가 그토록 원했던 일들이 모두 이루어졌지.

그림 주문이 밀려들었어. 밀레의 작품을 비싼 값에 사겠다는 사람들이 여기저기서 나타났지. 마침내 정부는 현대 미술사에 훌륭한 업적을 남겼다며 밀레에게 훈장을 수여했어.

하지만 행복도 잠시, 밀레의 건강이 나빠지기 시작했어. 천식이 아주 심했거든. 멈추지 않는 기침에 밤에는 피까지 토해 댔지. 밀레는 몇 날 며칠을 침대에 누워 있어야 했어. 겨우 일어나 앉을 힘이 생기면 여지없이 그림을 그렸지.

 어느 날 밀레는 자신을 병문안하러 찾아온 알프레드 상시에와 함께 들녘으로 나갔어. 둘은 한참 동안 바르비종의 너른 들판을 바라보았지. 해 질 무렵 일을 마치고 집으로 돌아가는 농부들을 보며 밀레가 속삭이듯 말했어.

"저기 어둠 속에서 걸어오는 사람들을 좀 보게나. 들판의 수호신들이지. 저들의 피곤한 어깨를 노을이 따뜻하게 감싸 주는 것 같지 않나? 아름답고 신비해."

알프레드 상시에는 밀레의 얼굴을 물끄러미 바라보았어. 밀레의 두 눈에는 농부들을 향한 애정이 여전히 가득했지. 평생 그랬듯, 밀레는 마지막까지도 농촌의 풍경과 일하는 사람들의 모습을 화폭에 담았어.

어느 추운 겨울날, 밀레는 창밖에서 불어오는 바람 소리와 농부들의 발걸음 소리를 들으며, 바르비종의 고요한 들판을 바라보면서 편안히 세상을 떠났지.

밀레가 죽자 한 평론가는 이런 글을 남겼어.

'진실로 선한 마음을 지닌 화가가 농촌과 농부, 그들이 하는 일의 고귀한 슬픔과 힘겨움을 이야기하고 떠나다.'

밀레는 훗날 많은 예술가들에게 영향을 끼쳤어. 특히 화가 빈센트 반 고흐는 밀레를 최고의 화가로 손꼽으며 존경했지. 실제로 고흐는 밀레의 작품을 보며 그림 공부를 했단다.

장 프랑수와 밀레
Jean François Millet

〈만종〉

1814년   프랑스 그레빌의 그뤼시 마을에서 농부의 아들로 태어났다.
1835년   아버지의 권유로 미술 공부를 시작했다. 아버지가 갑자기 세상을 떠났다.
1837년   장학금을 받아 파리로 떠났다.
1840년   아버지를 그린 초상화가 살롱전에서 처음으로 당선됐다.
1849년   파리에 콜레라가 유행하자 바르비종으로 이사했다.
1850년   살롱전에 〈씨 뿌리는 사람〉을 출품했다. 평론가들의 비판을 받았지만
         이에 굴하지 않고 계속해서 농촌의 현실을 그렸다.
1853년   살롱전에 〈추수 중에 휴식〉, 〈목동〉을 출품해 2등상을 받았다.
1855년   파리 만국 박람회에 〈접목하는 농부〉를 출품해 극찬을 받았다.
1857년   살롱전에 가난한 여인들이 일하는 모습을 그린 〈이삭 줍는 여인들〉을 출품하여
         일부 평론가들의 비판을 받았다.
1863년   살롱전에 일하는 농부의 고생이 담긴 〈괭이에 기댄 사람〉을 출품하여 미술계에
         소란이 일었다.
1867년   파리 만국 박람회에 〈만종〉, 〈감자 심는 사람〉 등을 출품해 호평을 받았다.
1868년   프랑스 최고 권위의 레지옹 도뇌르 훈장을 받았다.
1875년   바르비종에서 생을 마감했다.

〈씨 뿌리는 사람〉(왼쪽)
〈추수 중에 휴식〉(오른쪽)

밀레 아저씨,
왜 가난한 농부들의 모습을 계속 그리셨나요?

농부들은 땅을 일구고 생명을 키우는 일을 해. 나는 이것이 세상에서 가장 고귀한 일이라고 생각했어. 땅에 가까이 허리를 숙이고 일하는 농부들의 모습을 존경했지. 그런데 아무리 힘들게 일해도 농부들의 생활은 나아지지 않았어. 정직한 노동의 대가가 형편없는 것을 보고 마음이 아주 아팠단다. 그래서 나는 그림을 통해 노동의 숭고한 가치를 전하고 싶었고, 많은 사람들이 가난한 이들의 고통을 함께 나누고 보듬어 주길 바랐어.

또한 나는 아이에게 수프를 떠먹이는 어머니, 실을 잣는 여인, 빵을 굽거나 물을 긷는 여인과 같이 집안일을 하는 농촌 여인들의 모습도 많이 그렸어. 아이들을 사랑하는 어머니의 따뜻한 마음, 가족을 위해 묵묵히 일하는 여인들의 아름다움을 화폭에 담고 싶었지. 투박하지만 정겨운 시골 농가의 모습에서 사람들이 따뜻한 위로를 얻기를 바라며 그림을 그렸단다.

〈이삭 줍는 여인들〉

미술이란 무엇일까요?

미술은 인간이 느끼는 감정과 생각을 눈으로 볼 수 있도록 표현하는 것을 말해요. 그림, 조각, 공예, 서예 같은 것으로 말이죠. 미술은 인류의 역사와 함께해 왔어요. 인류는 문자가 생기기 전부터 그림으로 자신의 생각을 표현했거든요.

구석기 시대의 대표적인 그림인 스페인의 〈알타미라 동굴 벽화〉와 프랑스의 〈라스코 동굴 벽화〉에는 말이나 들소, 사슴 같은 동물들이 그려져 있어요. 수렵 활동을 했던 당시 사람들은 사냥이 잘 되기를 바라는 마음에서 그림을 그렸던 거예요.

〈라스코 동굴 벽화〉

오스트리아에서 발견된 돌로 만든 여인상, 〈빌렌도르프의 비너스〉 역시 구석기 시대에 만들어진 것이에요. 아름다움의 여신인 비너스와 어울리지 않게 배는 불룩하게 튀어나오고, 가슴과 엉덩이는 아주 커서 뚱뚱한 모습을 하고 있어요. 아기가 많이 태어나기를 원했던 구석기 시대 사람들의 바람을 담은 작품이죠. 이처럼 미술 작품에는 그 시대 사람들의 생각과 생활 모습이 잘 나타나 있어요. 그래서 우리는 미술을 통해 사람들과 소통할 수 있지요.

〈빌렌도르프의 비너스〉

미술이 왜 인문학일까요?

미술 작품에는 많은 이야기가 담겨 있어요. 작품을 만들 당시의 시대적, 사회적 배경을 조금만 안다면 여러분은 미술의 매력에 빠지게 될 거예요.

미술가들은 아름다운 모습을 포착하고 표현하지요. 하지만 그것만이 전부는 아니에요. 미술가는 현실에서 일어나는 일들을 누구보다 예민하게 받아들이는 사람이기도 해요. 때로는 시대의 문제점을 날카롭게 파헤쳐서 작품 속에 생생하게 담아내기도 하죠.

그래서 미술 작품 중에는 세계 역사를 바꾼 혁명 이야기, 전쟁의 비참함, 가난한 이들의 고단한 삶 등 인간 사회에서 일어나는 다양한 이야기를 담고 있는 것이 많아요. 한 시대의 역사와 문화가 고스란히 녹아 있는 거죠. 이런 작품은 단순히 글로 배우는 것보다 더욱 강렬한 인상을 남겨서 우리에게 큰 감동을 불러일으켜요.

우리는 미술 작품을 통해 나와 다른 시대에 살았던 사람들, 나와 다른 문화를 가지고 있는 사람들을 더 생생하게 잘 이해할 수 있어요.

〈민중을 이끄는 자유의 여신〉
화가 들라크루아는 1830년 프랑스 파리에서 일어난 7월 혁명을 그렸다. 자유를 상징하는 여성을 중심으로 다양한 계층을 등장시켜 당시 혁명이 사회 전체의 지지를 받았음을 표현하였다.

사람이 살아온 이야기, 역사

사마천은 왜
만 권의 책을 읽고
만 리를 여행했을까?

전국 방방곡곡을 누비는 청년

"이 물길을 따라 내려가면 회계산에 닿는다, 그 말이지요?"

초라한 행색의 사마천이 뱃사공에게 물었어.

"그렇소. 그런데 회계산에는 무슨 일로 가시오?"

노를 젓던 뱃사공은 선비를 태울 때부터 궁금한 게 많았어. 겨우 스무 살이나 됐을까 싶은 젊은 선비의 옷과 신발이 온전한 것 하나 없이 다 해져 있었거든. 거기에다 얼굴은 나뭇가지에 긁힌 자국으로 가득했지.

"우임금의 무덤을 찾아가는 길입니다."

사마천의 대답에 뱃사공은 고개를 갸웃거렸어.

우임금은 순임금과 함께 고대 중국의 태평성대를 이루었던 전설적인 왕이었어. 그래서 후대 왕들이 본받아야 할 왕으로 손꼽혔지. 무서울 것

없던 진시황도 우임금의 무덤 앞에서 제사를 지낼 정도였어.

"보아하니 공부깨나 한 선비 같은데 무엇하러 이 머나먼 곳까지 우임금의 무덤을 찾아왔소?"

"역사서를 쓰고 싶어서입니다."

사마천은 앞코가 다 해져 발가락이 절반이나 보이는 신발을 꿰매며 대답했어.

"그럼 방에 들어앉아 서책이나 보면 될 일이지 어째서 이렇게 떠돌아다니시오?"

"직접 보고, 듣고, 느껴 보지 아니하고 쓴 역사서가 어찌 살아 있는 역사서가 되겠습니까?"

또박또박 대답하는 사마천의 눈빛은 그 어떤 때보다 반짝였어. 뱃사공은 사마천이 보통 인물이 아니라는 걸 느낄 수 있었지.

곧 사마천은 회계산에 올라 우임금의 묘에 예를 갖췄어. 그러고는 서둘러 다음 목적지로 향했어. 그곳은 바로 유방과 항우가 치열하게 전투를 벌였던 지역이었어.

산을 뽑을 만큼의 힘과 세상을 덮을 만한 기운을 가졌던 항우의 목소리가 들리는 듯했어. 사마천은 가만히 눈을 감고 유방과 항우의 싸움을 상상해 보았지. 무엇보다 유방과 항우의 싸움 속에서 죽어 간 이름 모를 수천만의 군사와 그들의 가족을 생각했어.

사마천의 아버지는 늘 사마천에게 말했어.

"천아, 명심하여라! 역사에서 가장 중요한 것은 사람이다. 세상을 바꿀

만한 큰일은 어느 한두 사람에 의해서 이루어지는 것이 아니다. 이름 없는 수많은 사람들의 삶이 모여 이루어지는 것이다."

사마천은 아버지의 말을 떠올리고는 다시 한 번 결심했지.

'이긴 자만 기억하는 역사서는 쓰지 않을 것이다. 패자와 이름 없이 죽어 간 사람들도 모두 역사의 주인공으로 기록할 거야.'

맞아! 사마천이 발톱이 다 빠져 발 전체에 피가 흥건하도록 험한 여행을 마다치 않은 건 바로 그 이유 때문이었어.

사마천의 아버지 사마담은 태사령이라는 관직을 맡고 있었어. 태사령은 하늘을 관측하고 서책을 관리하는 일을 했지. 비록 높은 관직은 아니었지만 사마담은 배우고자 하는 의지가 대단히 강한 사람이었어. 훌륭한 스승이 있다는 소리만 들으면 자신보다 나이가 어려도 찾아가 스승이 되어 달라고 부탁을 했지.

사람들은 사마담을 비웃곤 했어. 하지만 배움을 부끄러워하지 않았던 사마담은 그런 조롱쯤은 얼마든지 견뎌 낼 수 있었어. 결국, 이 같은 노력으로 사마담의 학문의 깊이는 누구도 따라오지 못할 만큼 깊어졌지.

사마담은 시간만 나면 아들 사마천을 데리고 중국 곳곳을 여행 다니곤 했어. 사마담이 열두 살 사마천과 함께 공자의 고향인 취푸를 여행할 때였어. 그곳에는 공자의 의복과 경전, 수레가 남아 있었지. 사마담은 공자 사당 주변을 거닐며 좀처럼 떠나려 하지 않았어. 그러더니 문득 사마천에게 이런 질문을 했지.

"천아, 공자의『춘추』라는 역사서를 아느냐?"

"네, 아버지. 공자가 춘추 시대 역사를 기록한 책입니다."

"『춘추』는 단순한 역사서가 아니란다. 나라를 다스리는 근본과 세상을 살아가는 데 필요한 지혜가 담긴 위대한 책이다."

그러고서 사마담은 한참이나 아무 말도 하지 않고 하늘만 바라보았어. 사마천은 잠자코 기다렸지. 어린 나이였지만 아버지가 무언가 큰 결심을 하신 것이리라 짐작할 수 있었거든.

"천아, 잘 들어라! 공자가『춘추』를 펴내면서 오백 년간 끊어졌던 역사가 되살아났다. 지금은 공자가 죽고 또다시 오백 년이 지났지. 이제 이 아비가 그 옛날『춘추』를 이을 역사서를 써 보려고 한다."

사마천은 그제야 그동안 아버지가 했던 일들이 모두 이해가 갔어.

이날 아버지와의 대화는 사마천의 인생을 바꿔 놓았지. 스무 살에 떠난 여행 역시 아버지를 조금이라도 돕고 싶은 마음에서 시작한 일이었어.

아버지의 죽음, 그리고 새로운 역사의 시작

여행에서 돌아온 후, 사마천은 처음으로 벼슬길에 나가게 됐어. '낭중'이라는 벼슬로 황제의 시중을 드는 일이었지.

덕분에 사마천은 궁중에 있는 귀한 책들을 마음껏 읽을 수 있었어. 게다가 낭중으로 황제를 수행하면서 강남, 산둥, 허난 등의 지방도 두루 여행할 수 있었지. 그때마다 사마천은 아버지의 말을 떠올렸어.

"어느 지역에 가든 먼저 그곳에 사는 사람들의 이야기에 귀를 기울여라. 책에 쓰여 있지 않은 살아 있는 이야기가 사람들 사이에 전해 내려오는 법이다."

그러던 어느 날, 사마천은 아버지가 위중하다는 소식을 듣고 급히 집으로 달려갔어. 사마담은 가까스로 숨을 쉬고 있었지.

"아버지, 제가 왔어요. 정신을 좀 차려 보세요."

사마담은 사마천의 목소리를 듣고, 바싹 마른 입술을 움직여 겨우 말을 뱉어 냈어.

"죽는 것은 아쉽지 않으나 이루지 못한 것이 있어 참으로 원통하구나. 내가 죽거든 나를 대신해 네가 후대에 남을 역사서를 써야 한다."

"네, 아버지의 뜻을 이어 책을 완성하겠습니다."

아들의 대답을 들은 사마담은 희미한 미소를 지으며 눈을 감았어.

아버지의 장례를 치르는 동안, 아니 그로부터 몇 달이 지난 후에도 사마천은 오로지 한 가지 생각만 했어.

'반드시 후세에 길이 남을 역사서를 쓸 거야!'

그런데 그즈음, 한나라 관리들 사이에서는 사마천에 대한 소문이 파다했어.

"사마천이 『춘추』를 잇는 역사서를 쓴다고?"

"쯧쯧, 제 능력도 모르고 어디서 설쳐 대는 거야?"

관리들은 사마천을 비웃었어. 당시 사람들은 공자를 훌륭한 학자로 높이 받들고 누구도 따라갈 수 없는 인물로 생각했어. 더욱이 공자의 『춘추』는 한나라 왕실의 근본이 되는 책이자 다시없을 위대한 역사서였지.

그런데 관리들의 이야기를 아무 말 없이 가만히 듣고 있던 한 사람이 있었어. 호수라는 사람이었지. 호수는 바르고 곧은 사마천의 됨됨이를 알고 있는 사람이었어.

호수는 어느 날 사마천의 집을 찾아갔어. 사마천의 방은 죽간으로 가득 차 있어서 한 발 디디기조차 힘들었어. 죽간은 글자를 기록하던 대나무 조각을 말해. 당시는 종이가 발명되기 전이어서 대나무나 비단에 글을 썼지. 비단은 비싸서 보통 죽간을 많이 이용했어. 죽간에 쓰인 사마천의 글씨들은 차분하면서도 힘이 있어 보였어.

사마천은 호수를 보고 깜짝 놀라 물었어.

"어쩐 일로 이런 곳까지 오셨습니까?"

호수는 조심스럽게 사마천의 표정을 살피며 물었지.

"『춘추』를 잇는 역사서를 쓰신다지요?"

"소문을 들으셨군요? 네, 그렇습니다."

"『춘추』와 같이 훌륭한 역사서가 있는데 굳이 또 다른 역사서를 쓰시려는 이유가 있습니까?"

호수의 질문에 사마천은 왜 호수가 자신을 찾아왔는지 알았지. 그래서 주저 없이 자기 생각을 말하기 시작했어.

"『춘추』에는 군주가 나라를 망친 일, 왕이 도망쳐 사직을 보존하지 못한 일들이 기록되어 있지요. 그리고 나라를 다스리는 근본 자세와 왕이 나아가야 할 바른길을 안내하고 있지요. 하여 군주가 『춘추』를 읽지 않으면 눈앞에 아첨하는 신하와 나라를 망치는 신하를 알아보지 못하지요. 따라서 군주는 역사서를 꼭 읽어야 합니다. 저 역시 군주에게 본이 될 만한 역사서를 쓰려 함이지요. 그리고 또 한 가지……."

"네? 그것 말고 또 있습니까?"

"공과 저 같은 사람도 역사서의 주인공으로 넣을 것입니다."

그 말에 호수는 깜짝 놀랐어.

"허허, 그게 무슨 말씀이십니까? 임금이 나라를 다스리는 일을 써 나가는 역사서에 미천한 사람의 이름을 어찌 올릴 수가 있겠소?"

호수는 당황한 표정으로 고개를 저었어.

"아닙니다. 틀렸습니다. 역사는 사람이 만들어 내는 것입니다. 그래서 역사서는 왕뿐만 아니라 평범한 사람들의 이야기도 담고 있어야 합니다. 기존의 역사서는 왕들의 이야기만을 엮어 놓았지요. 하지만 역사가는 이름 없이 사라져 간 훌륭한 사람들의 이야기도 기록해야 한다고 생각합니다. 저는 그 일을 할 것입니다."

말을 마친 사마천의 얼굴은 발갛게 달아올라 있었어. 역사는 왕조의 기록이 아니라 그 시대를 살아온 모든 사람의 이야기라는 것이 사마천의 생각이었지.

역사서를 위해 살기로 한 사마천

역사서를 쓰는 데 온 힘을 쏟던 사마천에게 어느 날 큰 위기가 찾아왔어. 춘추 전국 시대부터 중국 북방에는 흉노족이 활개를 치고 있었는데, 중국을 통일한 한나라 역시 흉노족을 토벌하지 못해 골머리를 앓고 있었어. 당시 황제였던

한 무제는 황제의 자리에 오른 직후부터 흉노족을 토벌하는 데 온 힘을 기울였지.

그러던 어느 날, 장군 이능이 5천 명의 군사를 이끌고 흉노족과 싸우다가 항복한 사건이 발생했어. 황제는 불같이 화를 내고 이능 장군의 가족들을 잡아다 모조리 죽여 버렸어. 신하들은 화가 머리끝까지 난 황제의 비위를 맞추느라 이능 장군을 욕하고 심지어 없는 죄도 만들어서 일러바치고 있었지.

이를 지켜보던 사마천은 생각했어.

'역사를 기록하는 자가 진실을 말하지 않으면 누가 말하겠는가.'

사마천은 황제에게 나아가 말했어.

"폐하, 이능만큼 충직한 장군은 없습니다. 그는 단 5천 명의 군사를 이끌고 8만 대군을 대적하여 싸웠습니다. 칼을 빼앗기고도 맨몸으로 적진에 뛰어든 그의 용맹함은 왜 보지 못하십니까?"

"뭣이 어째? 이놈이 제정신으로 하는 말인가?"

화가 난 황제가 벼락같이 소리쳤어. 하지만 사마천은 물러서지 않고 다시 한 번 황제에게 아뢰었어.

"폐하, 지금은 백성을 살펴보셔야 할 때입니다. 끊임없는 전쟁으로 백성들이 굶어 죽고, 어떤 고을에서는 먹을 것이 없어 서로 잡아먹는 끔찍한 일도 벌어지고 있습니다. 부디 백성들의 삶을 살펴 주시옵소서."

사마천은 한 무제의 불같은 성질을 누구보다 잘 알고 있었지만, 목숨을 걸고 말했지. 어떤 상황에서도 진실을 말해야 하는 것이 역사가가 해야 할 일이라고 믿었던 거야. 그러나 그의 호소는 황제를 더욱 화나게 할 뿐이었어.

"여봐라, 내 이놈을 결코 용서치 않을 것이다!"

사마천은 그길로 감옥에 끌려갔어. 그러고는 가장 치욕스러운 형벌을 받게 됐어. 바로 남자의 생식기를 자르는 궁형이었지. 사마천은 육체적인 고통과 정신적인 충격에 너무 괴로워서 당장에라도 스스로 목숨을 끊고 싶었어.

하지만 그때 사마천은 생각했어.

'어차피 사람은 한 번은 죽는다. 어떤 죽음은 태산보다 무겁고, 어떤 죽음은 새털보다 가볍다. 지금 죽으면 역사는 나의 죽음을 새털보다 가볍다고 기억할 것이다. 나에게는 할 일이 남아 있다.'

그 일이란 다름 아닌 아버지의 유언으로 쓰기 시작한 역사서였지.

'그래! 역사서를 완성해야 한다. 이 치욕을 견디고 꼭 살아남아야 한다! 살아남아서 나의 역사와 잊혀 간 수많은 사람의 역사를 기록하여 후대에 남길 것이다.'

사마천은 다짐하고 또 다짐했어. 꽉 움켜쥔 주먹 위로 뜨거운 눈물이 떨어졌어.

살아 숨 쉬는 역사서, 『사기』

처참한 형벌을 받고 난 후 사마천은 한동안 정신을 차리기 힘들었어. 몸은 시간이 지나면서 회복이 되었지만, 마음은 점점 괴로워져만 갔어. 당시 사람들은 궁형을 당한 남자들을 손가락질하며 비웃었거든. 궁형을 당한 사람이 옆에 오기만 해도 자리를 피해 버렸어. 심지어 이유 없이 욕설을 퍼붓는 사람도 있었지.

사마천은 등 뒤에서 자신을 비웃는 사람들 때문에 너무나도 힘들었어. 그럴 때마다 자신이 쓰고 있는 역사서에 나오는 인물들의 인생을 돌이켜 보며 마음을 다잡았지.

'손빈은 방연의 음모로 다리를 잘렸지만, 조금도 기죽지 않고 『손빈병법』을 지어 후세에 전했고, 진나라의 재상 여불위는 촉나라로 유배되었지만 『여씨춘추』를 편찬하여 그의 이름을 길이 남겼다. 옛 성현들은 어려운 상황 속에서 가슴에 찬 분노와 억울함을 붓으로 옮겨 자기 뜻을 후대에 남겼다.'

마음을 굳게 다잡으며 노력하니 가슴속에 끓어올랐던 분노와 억울함이 점차 사그라졌어. 사마천은 다시 죽간에 한 자 한 자 새겨 나갔어.

궁형을 당한 후, 역사서를 쓰는 사마천의 마음가짐이 달라졌어. 권력을 가진 사람들의 비리와 사회의 잘못된 부분이 눈에 들어오기 시작했지. 민심이 무엇인지도 찬찬히 살피게 됐어. 그리고 백성을 진정으로 사랑하여 올바른 정치를 펼쳤던 왕들의 이야기도 꼼꼼하게 써 내려갔어.

수십 년간 갈고 닦은 사마천의 글솜씨를 따라올 자가 없었어. 황제는 사마천의 강직함과 그의 뛰어난 문장력을 누구보다 잘 알고 있었지. 시간이 흘러 화가 누그러진 황제는 다시 사마천을 불러들였어.

"사마천의 죄를 용서해 주겠다. 그리고 중서령의 자리를 내리노라."

중서령은 환관 중에 가장 높은 직책이었어. 하지만 사마천은 기쁘지 않았어. 이제 사마천에게 중요한 것은 벼슬도 황제의 총애도 아니었지. 그는 오로지 자신의 역사서를 쓰는 데 온 힘을 기울이고 있었어.

그런데 아뿔싸! 사마천의 건강이 나빠지기 시작했어. 쉰 살도 되지 않았지만 머리가 온통 하얗게 세어 버렸어. 역사서를 쓰고 싶은 마음 하나로 드넓은 중국 땅을 누빈 사마천이었지만 이젠 몇 걸음만 걸어도 숨이 턱까지 차올랐지.

'아버지에게 시간이 허락되지 않은 것처럼, 나에게도 시간이 허락되지 않을지도 모른다. 서둘러야 한다.'

사마천은 역사서를 쓰는 데 자신의 모든 시간을 바쳤어.

그러던 어느 날, 사마천을 유난히 따르는 어린 환관이 사마천 곁에서 먹을 갈고 있었어. 어린 환관이 보기에 나이 든 중서령의 역사서 작업은 도통 끝날 것 같지가 않았어.

"대인, 제가 대인이 쓰신 책을 본 것만도 수십 권입니다. 도대체 얼마나 되는 책을 쓰고 계시는 겁니까?"

"130권일세."

어린 환관은 놀라 입을 다물 수가 없었어.

　사마천의 역사서는 왕이 지시한 일도 아니었고, 여러 사람이 함께 만든 것도 아니었어. 오로지 사마천 혼자서 수천 년간의 역사를 묵묵히 써 내려갔기에 더욱 놀라운 일이었지.

　사마천은 역사서를 『본기』, 『세가』, 『열전』, 『표』, 『서』 등으로 구분해 놓았어.

　『본기』에는 왕실에서 일어난 사건들을 시간 순서대로 기록했어. 『세가』와 『열전』에는 영웅호걸들의 이야기와 평범한 사람들의 일대기, 그리고 주변 민족들의 역사까지 기록해 두었어. 사마천이 늘 생각했던 대로 전쟁에서 이긴 사람만이 아니라 진 사람들의 이야기도 기록했지.

그리고 마지막에는 사마천 자신의 생각을 담았어. 이전에 없던 새로운 방식으로 역사서를 쓴 거야.

"제가 감히 말씀드리자면, 저는 대인의 책이 분명 공자의 『춘추』를 뛰어넘는 역사서가 될 거라 생각합니다."

어린 환관은 정말 그렇게 생각했어. 그리고 그것은 어린 환관만의 생각은 아니었지. 사마천의 책을 읽은 사람이라면 누구라도 그렇게 생각할 수밖에 없었어.

흔히 사마천을 '만 권의 책을 읽고 만 리를 여행한 사람'이라고 말해. 사마천의 역사서는 사마천이 머리로 이해하고, 두 눈으로 직접 보고 느낀 살아 있는 역사를 담고 있어.

어느 늦은 밤, 사마천은 평소와 다름없이 붓을 들고 있었어. 다만 그것이 마지막 한 획을 긋는 순간이었다는 게 이전과는 다른 점이었지. 52만 6천5백 자로 이루어진 130권의 역사서가 완성된 거야. 중국 고대사를 역사의식을 가지고 기록한 최초의 역사서가 탄생한 순간이었지.

사마천이 자신의 인생을 걸고 쓴 역사서, 그것이 바로 『사기』야. 이후 『사기』는 중국 역사서의 기준이 되었어. 그리고 지금까지도 동양의 고전이자 세계의 고전으로 손꼽히는 훌륭한 역사서로 남아 있어.

사마천 司馬遷

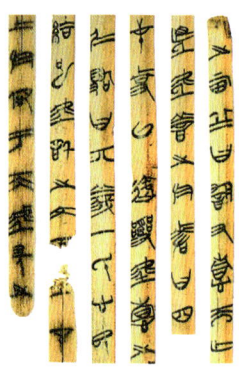

죽간
종이가 발명되기 전에 글자를 기록하던 대나무 조각.

기원전 145년	중국 섬서성 용문시 하양에서 태어났다.
기원전 139년	아버지 사마담이 천문 역법과 도서를 관장하는 태사령이 되어 무릉에 거주하였다.
기원전 126년	아버지의 도움으로 2년간 천하를 여행했다.
기원전 124년	낭중(황제의 시종)이 되어 전국 각지를 돌아다녔다.
기원전 110년	아버지가 세상을 떠나며 자신이 시작한 『사기』를 완성하라는 유언을 남겼다.
기원전 108년	태사령이 되어 한 무제를 수행하며 장성 일대와 하북, 요서 지방을 여행하였다. 이 여행을 통해 『사기』를 쓰는 데 필요한 역사적 자료를 수집하였다.
기원전 104년	『사기』를 쓰기 시작했다.
기원전 99년	흉노와의 전쟁에서 투항한 이능 장군을 두둔하다 황제의 노여움을 사서 사형을 받을 처지에 놓였다. 사형을 피할 수 있는 방법은 어마어마한 벌금을 내거나 궁형(생식기를 제거하는 형벌)을 받는 것이었다. 당시에는 치욕적인 궁형 대신 사형을 택하는 것이 일반적이었으나 사마천은 『사기』를 완성하기 위해 궁형을 선택하였다.
기원전 95년	황제의 용서를 받고, 환관의 최고 직책인 중서령이 되었다.
기원전 91년	『사기』를 완성하였다.
기원전 86년	세상을 떠났다.

사마천 아저씨,
당시에도 역사책이 있었는데 왜 또 다른 역사책을 쓰셨나요?

물론 내가 『사기』를 쓰기 전에도 역사책은 있었지. 하지만 나의 목표는 살아 있는 역사책을 만드는 것이었어. 역사적 사실을 끈질기게 확인해서 역사의 참모습을 제대로 담아내려고 노력을 많이 기울였지. 또 나는 왕조 중심의 역사책이 아닌, 인간에 대한 끊임없는 관찰을 통해 바람직한 인간의 모습이 담긴 역사책을 만들고 싶었어.

그래서 『사기』에 황제 이야기뿐만 아니라 책략가, 부자, 청렴한 말단 관리, 자객 등 다양한 사람들의 이야기도 기록했지. 또 그동안 낮잡아 보며 중요하게 다루지 않았던 다른 민족에 대해서도 자세히 기록했단다. 열린 역사의식, 균형 잡힌 역사관을 갖는 것이 역사가에게 있어 아주 중요하다고 생각했거든.

나는 당시 사회에 대한 비판을 덧붙이는 것도 잊지 않았어. 거기에는 황제의 잘못도 포함됐지. 그래서 『사기』를 완성하고도 당시 황제의 심기를 거스를 만한 내용 때문에 숨겨야만 했어. 결국 나는 『사기』를 세상에 내놓지 못하고, 내 딸에게 맡긴 채 세상을 떠났단다.

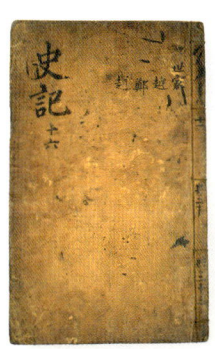
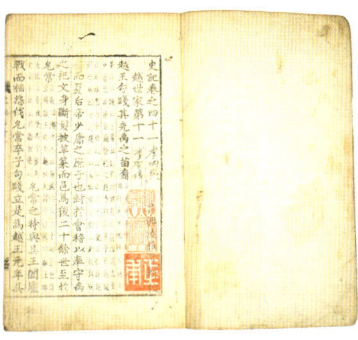

활자본 『사기』
사마천의 외손자 대에 이르러서야 비로소 세상에 나올 수 있었다. 역사책으로 가치가 높을 뿐 아니라 문학적인 가치도 높아 오늘날까지 중국 역사책 중 으뜸이라고 평가받고 있다.

역사란 무엇일까요?

　역사란 과거에 발생한 일을 기록한 것으로, 한마디로 '인간이 살아온 이야기'라고 할 수 있어요. 역사는 옛사람들이 남긴 유물과 유적, 그리고 역사가의 기록을 통해 전해져요. 역사가는 여러 자료를 연구하여 과거에 일어난 사실을 밝히고 이를 글로 기록하지요.

　역사가 에드워드 카(Edward Hallett Carr)는 "역사는 과거와 현재의 끊임없는 대화이다."라는 말을 했어요. 현재 우리의 모습은 우리의 과거, 즉 역사를 통해서 만들어졌어요. 과거와 현재는 시간적으로 구분되는 것이 아니라 역사 속에서 이어져 지속되는 과정인 거죠.

　우리의 역사가 항상 자랑스러운 것만은 아닐 거예요. 그렇다고 해도 역사를 왜곡하거나 외면해서는 안 돼요. 과거를 돌아보아 잘못한 일은 반성하고, 현재에 같은 실수를 반복하지 않으려 노력하면 보다 발전적인 미래를 만들 수 있어요. 이것이 바로 우리가 역사를 배우는 이유 중 하나예요.

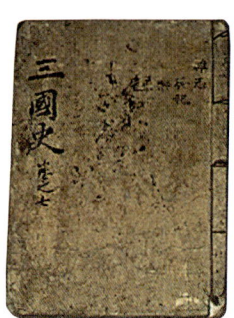 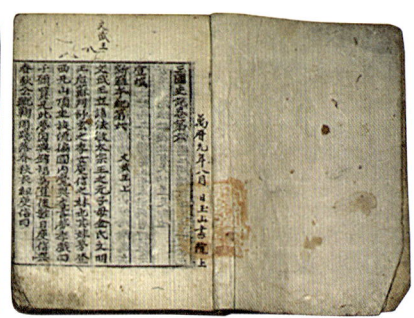

『삼국사기』
현재까지 남아 있는 우리나라 역사책 중에서 가장 오래된 역사책이다. 고려 시대에 김부식이 쓴 것으로 신라, 고구려, 백제 세 나라의 역사가 담겨 있다.

역사가 왜 인문학일까요?

역사는 단순히 옛날이야기가 아니에요. 역사를 배우다 보면 그 나라, 그 시대의 정치, 경제, 문화에 대한 사실뿐 아니라 당시 사람들의 가치관도 알 수 있어요. 역사를 통해 과거에 사람들이 어떻게 생활했는지, 무슨 생각을 하며 살았는지 이해할 수 있게 되는 것이죠.

그래서 예로부터 왕들은 역사책을 많이 읽었어요. 역사책에는 이전 왕들이 어떻게 나라를 다스렸는지 자세히 기록되어 있거든요. 백성들이 살기 편한 나라를 만든 성군도, 전쟁과 가난으로 백성들을 고통스럽게 한 폭군도 기록되어 있기에 왕들은 역사책을 통해 본받아야 할 것과 경계해야 할 것을 배웠지요.

이것은 비단 왕들에게만 해당되는 일은 아니에요. 현재를 살아가는 우리 역시 역사 속의 인물이나 제도, 문화 등을 통해 인간의 삶을 파괴하는 것과 풍요롭게 하는 것이 무엇인지, 좀 더 나은 세상을 만들기 위해서는 어떻게 해야 하는지 깨달을 수 있어요. 이렇듯 역사는 과거의 이야기를 들려주면서, 인간이 좀 더 나은 세상에서 인간답게 살 수 있는 방향을 제시해 준답니다.

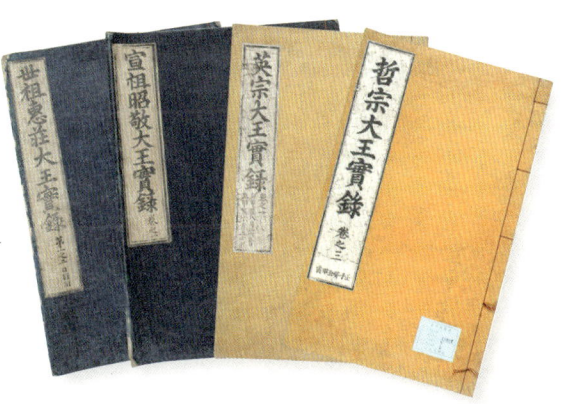

『조선왕조실록』
조선 태조 때부터 철종 때까지 25대 472년 동안의 역사적 사실을 기록한 방대한 분량의 역사책이다. 사회, 경제, 문화, 정치 등 조선 시대의 모습이 여러 방면에 걸쳐 기록되어 있다. 지금은 인터넷을 통해 모든 내용을 검색할 수 있다.

소리로 감동을 전하는 음악

베토벤의 음악은
왜 위대할까?

참다운 스승을 만나다

오늘은 베토벤에게 아주 중요한 날이야. 궁정 악단의 오르간 연주자인 네페 앞에서 연주를 하게 되었거든. 그런데 피아노 앞에 앉은 순간 온몸이 꽁꽁 얼어붙은 것처럼 굳은 데다 손가락마저 덜덜 떨려 왔어.

'실수하지 말고, 연습 때처럼 하자!'

베토벤은 마음을 가다듬고 손가락에 힘을 주었어. 때로는 부드럽게, 때로는 힘차게 연주를 하며 실력을 뽐내었지. 네페는 눈을 지그시 감고 베토벤의 연주를 들었어.

마지막 건반을 누르고 나서 베토벤이 '휴' 하고 긴 한숨을 몰아쉬었어. 잔뜩 긴장하고 피아노를 치느라 숨 쉬는 것조차 잊었던 거야.

네페는 벌떡 일어나 짝짝 박수를 쳤어.

"연주 잘 들었다. 그동안 누구에게 피아노를 배웠지?"

"부족하지만 제가 가르쳤습니다. 선생님의 제자가 될 수 있을까요?"

아버지가 베토벤 대신 대답했어.

"제법 훌륭했어요. 앞으로 잘 가르쳐 보겠습니다."

베토벤은 네페의 말을 듣고서야 활짝 웃었어. 혹시 네페가 받아 주지 않으면 어쩌나 걱정이 많았거든.

"모차르트를 봐라. 다섯 살도 안 된 나이에 궁정에서 연주를 했어. 이런 실력으로는 귀족의 귀를 사로잡기는커녕 밥벌이도 못 할 거다!"

베토벤은 엄한 아버지의 목소리가 떠올라 눈을 질끈 감았어.

아버지는 넉넉지 않은 형편에도 베토벤에게 음악을 가르치려고 했어. 하지만 모차르트와 비교하며 귀가 따갑도록 잔소리를 하고, 연습을 게을리한다고 때릴 때도 있었어. 그럴 때마다 베토벤은 피아노를 그만두고 싶었지. 만약 네페의 제자가 되지 못했다면 틀림없이 혼이 났을 거야.

네페가 그런 베토벤의 어깨를 꼭 잡았어.

"오늘부터 내가 네 스승이다. 열심히 할 수 있지?"

베토벤은 힘차게 고개를 끄덕였어.

좋은 스승을 만나서였을까? 베토벤은 더욱 열심히 연습했고, 연주 실력은 나날이 발전했어. 네페는 아버지와는 달리 늘 따뜻하고 자상하게 베토벤을 가르쳐 주었거든.

"베토벤, 그렇게 노려보다가는 악보가 뻥 뚫리겠다. 오늘은 그만하고 좀 쉬어라."

"아니에요. 얼른 실력을 키워서 스승님처럼 궁정 악단의 악장이 될 거예요."

네페는 의아한 표정을 짓더니 베토벤 곁에 앉았어. 네페는 종종 베토벤을 앞혀 놓고 이야기를 나누었어. 음악 이론뿐 아니라 음악가로서의 자질을 일러 주고, 자신의 음악 철학도 전해 주었어.

"나도 궁정 악단에 있다만, 네가 음악을 하는 이유가 단지 궁정 악단에 들어가기 위해서니?"

"물론 피아노 치는 게 즐거워요. 그렇지만 악장이 되어야 돈도 많이 벌고 훌륭한 음악가로 인정받잖아요."

"네 말도 맞다. 그러나 청중의 흥을 돋우고, 연주 실력을 뽐내어 남에게 인정받는 것이 음악의 전부는 아니란다. 그게 최고는 아니지."

"음, 그러면 저는 무엇을 어떻게 해야 할까요?"

베토벤은 이해가 가지 않아 얼른 되물었어. 네페는 그런 베토벤이 대견한 듯 빙긋 웃었어.

"연주를 잘하는 것만큼 중요한 건 편하게 즐기는 자세야. 잘해야 한다는 생각을 내려놓고 음악에 네 마음을 담아 연주해 보렴. 그리고 네 생각을 담은 곡을 직접 만들고 연주하여, 다른 사람에게 음악으로 네 사상과 감정을 전해 보렴. 그러기 위해서는 세상에 어떤 일이 일어나는지, 사람들이 무엇을 느끼고 바라는지 살필 줄 알아야 하지."

베토벤은 네페의 말을 곱씹어 봤어. 그리고 그동안 어떤 생각으로 음악을 했는지 돌아보았지. 이윽고 베토벤은 다짐이라도 하듯 말했어.

"선생님, 저는 사람을 위로하고, 감동을 주는 음악을 만들고 싶어요."
"그래, 꼭 그런 음악을 만들려무나."

그 후 네페는 베토벤이 스스로 작곡을 하도록 이끌었어. 자신이 직접 곡을 만들고 연주하는 일이 얼마나 즐거운지 알려 주고 싶었던 거야. 베토벤은 네페의 가르침에 보답이라도 하듯 밤낮으로 작곡에 매달렸어.

'사람을 위로하는 곡을 만들려면 지금 시대의 상황을 음악에 담아야 할 것 같아.'

베토벤이 살았던 시대는 왕과 귀족이 큰 권력을 가졌어. 그런데 프랑스에서 시민들이 귀족을 몰아내는 혁명을 일으켰지. 젊은 예술가와 정치가

들도 한목소리로 외쳤어.

"귀족에게 억압받는 시민도 사람이다! 자유와 평등의 권리를 시민에게 돌려 달라!"

그 외침은 베토벤의 마음속에 스며들었어. 프랑스와는 달리 베토벤이 사는 독일은 여전히 왕과 귀족이 다스리는 땅이었거든. 다행히 왕과 귀족이 학문과 예술만은 적극적으로 지원해 준 덕에 합창단과 오케스트라가 활성화되고 최고 수준의 연극과 오페라가 상연되었지.

베토벤은 훌륭한 스승에게서 음악의 가치를 배우고, 친구들과 모여 사람들이 자유롭게 행동하고 평등하게 사는 것이 왜 중요한지 토론을 하곤 했어.

"우리 같은 예술가들은 가능한 한 정치적으로 올바른 행동을 하고, 왕 앞이라고 해도 진실을 숨기지 말고 말해야 해. 무엇보다 자유와 평등을 사랑해야 하지!"

이 짧은 말에 베토벤이 평생 중요하게 생각했던 가치가 담겨 있어.

귀족의 후원을 벗어나려고 하다

베토벤은 스물두 살 때인 1792년, 작곡을 더 깊이 공부하기 위해 빈으로 유학을 갔어. 오스트리아의 빈은 유럽 정치와 경제의 중심지였을 뿐 아니라, 유럽의 문화와 예술을 이끌어 가는 도시이기도 했어. 모차르트와 하이든처럼 유명한 음악가들이 살고 있었고, 귀족들의 후원도 넉넉해서 젊은 음악가들이 꿈에 그리는 곳이었지.

　베토벤도 그들처럼 유명해질 꿈에 부풀어 있었어. 하지만 처음에 빈 사람들은 베토벤의 연주에 관심을 갖지 않았어. 음악 공부를 하려면 후원자를 만나야 하는데 앞날이 캄캄했지.

　베토벤은 작은 레스토랑에서 연주하는 것도 마다하지 않았고, 동료 음악가가 신청하는 즉흥 연주 대결도 흔쾌히 받아들였어. 즉흥 연주는 악보 없이 머릿속에 떠오르는 대로 피아노를 치는 걸 말해.

　"이야, 이번에도 베토벤이 이겼어."

　"역시 즉흥 연주는 베토벤이 최고야!"

　베토벤은 즉흥 연주를 아주 잘했어. 대결에서 번번이 이기자 귀족들 사이에 베토벤에 대한 소문이 나기 시작했지. 하루는 베토벤에게 관심이 있던 리히노프스키 공작이 직접 찾아왔어.

　"이번 주말에 우리 집에서 음악회를 열려고 하오. 당신이 꼭 와 주었으면 좋겠소."

　"네, 멋진 연주를 들려 드리겠습니다."

　베토벤은 준비를 단단히 하고 가서 자신의 실력을 맘껏 펼쳐 보였지. 그러자 귀족들은 앞다투어 베토벤을 연주회에 초청했어. 어떤 귀족들은 피아노 선생님이 되어 달라고 부탁하기도 했지.

　곡을 쓰고 연주회를 하며 베토벤은 점점 명성을 쌓아 갔어. 리히노프스키 공작 부부는 베토벤의 어려운 형편을 알고는 집에서 같이 살며 베토벤이 연주와 작곡에만 전념할 수 있도록 신경 써 주었어.

"연주회 준비는 잘하고 있죠? 우린 당신을 아들처럼 생각하고 있어요. 불편한 게 있으면 언제든 말해요."

"늘 챙겨 주셔서 고맙습니다, 공작님."

베토벤은 공작 부부의 보살핌이 고마웠지만 한편으로는 불편했어. 귀족들은 베토벤 같은 가난한 예술가들이 마음껏 음악을 할 수 있도록 후원해 주었어. 그런데 음악가의 사생활까지 다 알고 싶어 하다 보니 마찰이 생기기도 했지.

'후유. 스승님이 음악은 자유를 표현하고, 누구나 평등하게 들을 수 있어야 한다고 말씀하셨는데……. 지금 내 상황은 자유는커녕 새장 안의 새처럼 답답해.'

유명해질수록 후원도 많아지고 돈도 많이 벌었지만 마냥 기쁘지만은 않았던 거야. 베토벤은 공작의 집을 나와서 혼자 힘으로 살아가려고 노력했어. 그렇지만 음악가가 후원을 받지 않고 생활한다는 건 좀처럼 쉽지 않았지.

당시 음악은 왕과 귀족 중심의 음악이었기 때문에 그들을 위해 연주하는 것이 돈을 버는 길이었어. 대부분의 음악가들이 후원을 받는 왕이나 귀족의 요구에 따라 곡을 만들고 연주했지. 느닷없이 불러 피아노 연주를 해 달라는 그들의 요구에도 그대로 응했고 말이야.

문제는 귀족이라고 모두 음악을 좋아하는 건 아니었다는 거야. 연주회를 열어 놓고는 먹고, 마시고, 수다를 떠느라 바빠서 음악은 뒷전인 경우도 많았어. 베토벤은 그런 귀족들의 태도에 상처받는 날이 많아졌고, 후원자들의 연주 요청을 종종 거절하곤 했어.

'내 힘으로 돈을 벌어야 해. 그래야 내가 원하는 곡을 쓸 수 있어. 귀족들 입맛만 맞추는 곡에 더는 만족할 수 없어.'

베토벤은 더더욱 자신만의 독창적인 음악을 만들고 싶었어. 귀족이 무너지고, 시민들이 목소리를 내기 시작한 시대에는 새로운 음악이 필요하다고 생각했어. 부드럽고 잔잔하게 연주하는 귀족의 음악이 아닌 시민에게 힘과 용기를 주는 활기찬 음악!

베토벤은 자유롭게 창작한 작품의 악보를 출판하여 판매하고, 공개 연주회로 돈을 벌기로 마음먹었어. 드디어 귀족의 그늘을 벗어나 음악을 통한 자유와 평등 실현에 한발 더 다가서게 되었어.

새로운 시대, 새로운 음악을 꿈꾸다

연주가 끝난 홀에 정적이 감돌았어. 청중들은 침만 꼴깍 삼키고 쉽게 입을 떼지 못했어. 정적을 깨고 한 남자가 소리쳤어.

"이렇게 시끄러운 음악은 처음이군! 춤출 맛이 안 나."

"맞아요. 연주를 듣고 마음이 너무 불편해졌어요. 베토벤, 정말 실망이에요."

"어머, 난 좋았는걸요. 강하게 치고 나가다 부드럽게 이어지고, 다시 쾅쾅쾅 마음을 두드리고! 감정이 풍부하게 느껴지잖아요. 꼭 갈팡질팡하는 내 마음 같아요."

귀족들은 와글와글 말씨름을 했어.

한참 동안 가만히 듣고만 있던 베토벤이 벌떡 일어나 말했어.

"즐거울 때만 음악을 듣는 건 아니에요. 앞으로도 난 사람의 여러 가지 감정을 표현하는 곡을 쓸 겁니다. 그게 싫으면 절 부르지 마세요."

그러고는 연주회장 밖으로 뚜벅뚜벅 걸어 나갔어.

베토벤은 음악 속에 기쁨과 슬픔, 즐거움과 노여움 등 사람이 느끼는 여러 가지 감정을 표현하려고 했어. 흥겨운 춤곡에는 더 이상 관심이 없었지. 불안정하고 괴로운 마음을 나타내기 위해 처음부터 강하고 빠른 음으로 치고 나가기도 했는데, 다른 음악가나 귀족들에게는 그런 베토벤의 음악이 너무나도 낯설고 불편하게 들렸지.

이를 걱정하는 친구도 있었지만 베토벤의 생각은 굳건했어.

"음, 귀족들이 좋아하지 않는 것 같은데, 계속 이런 곡을 만들 건가?"

"귀족들 이야기는 이제 신경 안 쓴다네. 난 귀족만을 위한 작곡가가 아니니까. 가난한 사람들도 음악을 듣고 행복을 느끼고 위로를 받으면 좋겠어. 나 역시 음악으로 돈을 버는 노동자이니 그 마음을 헤아려야 하지 않겠나?"

베토벤은 여기에서 멈추지 않고 1800년에 시민들이 찾을 수 있는 극장에서 공개 연주회를 열고 교향곡 제1번을 발표했어. 음악가 스스로 귀족의 집에서 나와 대중 앞으로 다가간 것이지. 점점 많은 사람들이 베토벤의 연주를 듣고 눈물을 흘리며 감동하게 되었어. 새로운 청중과 평등한 관계로 만나는 것이 더 이상 꿈만은 아니었지.

그런데 높은 인기를 누려 가던 베토벤의 얼굴이 어느 날부터인가 어두워지기 시작했어. 칭찬에도 웃지 않고, 길에서 만난 사람들이 인사를 해도 입을 꾹 다물고 제 갈 길만 갔지. 사람들은 베토벤이 거만해졌다며 흉을 보았어. 하지만 베토벤은 아무 말도 못 하고 괴로워했어.

'안 들려, 말소리도 음악 소리도!'

사실 베토벤은 귓병을 앓고 있었어. 소리가 크게 들렸다 작게 들렸다 하더니 윙윙거리는 소리가 한참 떠나지 않을 때도 있었어. 급기야 찌릿찌릿 귓속이 아팠어.

누가 알까 두려웠어. 몇 년 동안 몰래 유명한 의사를 찾아다니고 좋다는 약도 먹어 보았어. 하지만 귓병은 나아지지 않았지. 의사도 원인을 찾지 못했어.

"내 음악 인생은 끝이야! 귀가 먼 게 알려지면 사람들이 내 음악을 외면할 거라고."

베토벤은 이제껏 쌓아 온 자신의 명성이 무너져 내릴까 봐 불안했어. 점점 격해지는 감정을 다스리지 못해 건반을 부술 듯 거칠게 내리치기도 했어. 어떤 날은 머리를 쥐어뜯으며 고래고래 소리를 지르기도 했어. 애써 작곡해 놓은 악보를 박박 찢어 버리기도 했지. 베토벤은 나날이 야위어 갔어.

보다 못한 의사가 말했어.

"지금 당신은 걱정도 많고, 신경이 너무 예민해져 있어요. 음악도 멀리하고 좀 쉬는 게 좋겠어요. 시골에서 맑은 공기를 마시며 쉬다 보면 마음도 편해질 거예요."

1802년 봄, 베토벤은 조용한 시골 하일리겐슈타트로 떠났어. 햇살이 따뜻한 날 산책을 하고, 숲에서 싱그러운 나무 냄새를 맡고, 아름다운 경치를 구경하다 보면 귓병도 깨끗이 나을 것 같았어.

하지만 졸졸 흐르는 시냇물 소리, 지지배배 지저귀는 새소리를 듣지 못하는 건 슬픈 일이었어. 베토벤은 다시금 절망에 빠졌어. 급기야 더 이상 좋아질 가망이 없다는 의사의 말을 듣고는 동생들에게 편지를 쓰기 시작했어.

내가 신경질적이게 된 이유가 있다. 사실 몇 해 전부터 귀가 들리지 않는다. 이젠 작은 소리마저 들리지 않아. 음악이 없으면 내게 무엇이 남을까?

아무리 내 운명이라고 하더라도 죽음이 조금 더 늦게 찾아오기를 바란다. 그러나 이대로 죽는다 해도 난 행복할 것이다. 죽음아, 올 테면 오너라. 용감하게 맞아 주마. 이런 생각을 하게 되었단다.

베토벤은 그동안 숨겼던 자신의 병을 털어놓고, 더 이상 음악을 할 수 없다는 사실이 얼마나 괴로운지 한 자 한 자 써 내려갔어. 그런데 참 이상하지 뭐야. 편지를 쓰다 보니 마음이 오히려 차분해지면서 속이 시원했어. 게다가 글로는 다 표현하지 못한 슬픈 감정과 깊은 고민이 음악이 되어 머릿속을 떠다녔어. 베토벤은 편지를 부치는 대신 머릿속에 떠오른 음악을 악보에 적어 감정을 고스란히 남겨 두었어.

그해 가을, 베토벤은 여느 날과 다름없이 산책을 나갔어. 공기가 제법 차가웠고, 바람도 세게 불었지. 바람에 우수수 떨어지는 나뭇잎과 너울너울 흔들리는 황금빛 들판, 포르르 날아가는 새 떼를 보며 베토벤은 중요한 사실을 깨달았어.

"소리가 들려! 그래, 소리는 귀로만 듣는 게 아니야!"

베토벤은 그길로 짐을 꾸려서 빈으로 돌아왔어. 친구들은 베토벤을 반겨 주었어.

"잘 돌아왔어, 베토벤. 다시 음악을 해야지?"

"물론이지. 새들의 지저귐, 바람의 속삭임, 바스락거리는 잎사귀 소리는 눈으로도, 마음으로도 들을 수 있다네. 머릿속에 악상이 떠올랐어. 작곡을 할 수 있다고!"

"역시 베토벤답군. 자네가 운명을 이겨 낼 거라고 믿었어."

오랜만에 베토벤의 눈빛이 반짝였어.

"난 포기하지 않을 걸세. 나처럼 절망에 빠진 사람들의 기운을 북돋우고, 영혼을 감동시키는 음악을 만들고 싶어. 그러려면 영감을 찾아야 해. 내 마음을 강하게 울리는 영감!"

자유와 평등을 넘어 진정한 영웅으로

몇 달 동안 새로운 음악을 곰곰이 생각하던 베토벤의 마음에 주제 하나가 딱 꽂혔어. 그건 '영웅'이었어. 베토벤은 이미 영웅을 주제로 곡을 쓴 경험이 있어. 네페에게 배울 때부터 주제가 있는 음악에 관심을 두고 있었거든.

자신처럼 비참한 운명에 놓인 사람에게 힘을 주는 영웅. 혼란스러운 세상에서 힘겹게 살아가는 사람들을 위해 싸우는 영웅. 사람들이 그 영웅을 보며 용기를 얻는 것처럼, 음악을 통해서도 그런 마음을 느끼게 하고 싶었어.

당시의 영웅은 프랑스의 장군 나폴레옹 보나파르트였어. 예술가들도 정치가들도, 젊은 사람도 늙은 사람도, 심지어 어린아이들까지 나폴레옹의 업적을 찬양했어.

나폴레옹은 가난한 집안에서 태어났지만 스스로 운명을 개척한 사람이었어. 베토벤은 나폴레옹을 주제로 한 음악이 사람들에게 용기를 줄 수 있을 거라고 생각했지.

"나폴레옹은 시민을 위해 싸우는 위대한 사람이야. 자유와 평등의 권리를 사람들에게 돌려줄 거라고. 바로 내가 찾던 영웅이지."

베토벤은 곧바로 작곡에 들어갔어. 쓰고 연주하고 고치는 과정을 여러 번 거쳐 마침내 웅장하고 대담한 곡이 완성되었어. 악보에는 '보나파르트 교향곡'이라고 썼지.

하지만 이 곡을 나폴레옹에게 바치지는 않았어. 1804년 12월, 나폴레옹이 전쟁을 일으키고 스스로 황제의 자리에 올랐기 때문이야.

"이런, 영웅은 무슨! 나폴레옹 또한 권력에 눈이 먼 지배자야!"

베토벤은 불같이 화를 냈어. 자유와 평등을 실현해 주리라 믿은 영웅이 꼭 자신을 배신한 것만 같았어. 겨우 마음을 진정한 베토벤은 '보나파르트 교향곡'이라고 쓴 제목을 벅벅 지우고 〈영웅〉이라는 제목을 붙였어. 그리고 악보 표지에 '위대한 인물을 기념하기 위해 작곡함'이라고 썼어. 음악의 주인이 나폴레옹에서 수많은 영웅으로 바뀐 거야.

곡을 쓰는 동안 베토벤은 그 어떤 영웅보다 용감하고 강인해졌어. 진짜 영웅이 된 거야. 사람들은 귀가 들리지 않는 시련을 이겨 내고 쓴 베토벤의 음악을 전보다 더 좋아했어. 그중 한 곡이 교향곡 제5번 〈운명〉이야.

1808년에 작곡하고 처음 연주한 이 곡은 '딴딴딴 딴' 하고 힘차게 울려 퍼지는 첫 부분이 특히 유명해. 베토벤이 "운명은 이와 같이 문을 두드린다."라고 말한 것처럼 긴장되고 엄숙한 느낌을 주지.

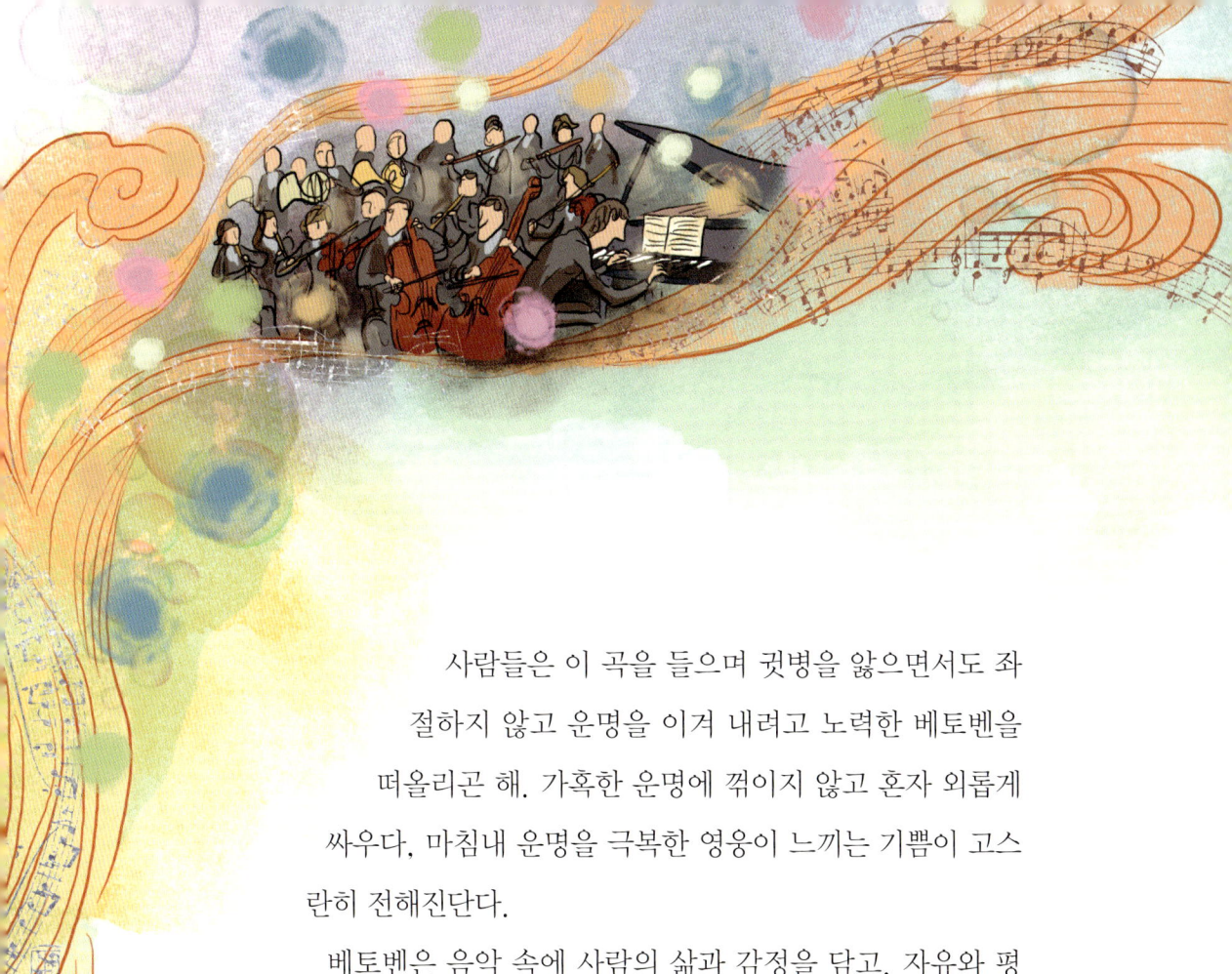

사람들은 이 곡을 들으며 귓병을 앓으면서도 좌절하지 않고 운명을 이겨 내려고 노력한 베토벤을 떠올리곤 해. 가혹한 운명에 꺾이지 않고 혼자 외롭게 싸우다, 마침내 운명을 극복한 영웅이 느끼는 기쁨이 고스란히 전해진단다.

베토벤은 음악 속에 사람의 삶과 감정을 담고, 자유와 평등이라는 사상을 담아내려고 했어. 또한 하이든, 모차르트의 영향에서 완전히 벗어나 개성적인 곡을 쓰는 데 성공했어.

어린 시절 아버지의 혹독한 가르침과 귀가 멀어 가는 장애를 딛고 일어선 사람! 음악에 자유롭고 평등한 세상을 향한 외침을 담은 사람! 베토벤이야말로 운명을 개척하고 사람들에게 희망을 준 음악 세계의 진정한 영웅이었어.

루트비히 판 베토벤
Ludwig van Beethoven

1770년	독일 본에서 태어났다.
1779년	크리스티안 고트로프 네페에게 음악을 배우기 시작했다.
1787년	음악의 도시 빈으로 유학을 떠나 모차르트를 만났으나, 어머니의 죽음으로 고향 본으로 돌아갔다.
1792년	다시 빈으로 와서 하이든, 살리에리 등 이름난 음악가에게 음악을 배웠다.
1795년	빈에 온 뒤 처음으로 공개 연주회에서 피아노를 연주했다.
1800년	교향곡 제1번과 현악 4중주곡 여섯 곡을 발표했다. 귓병으로 청력이 서서히 나빠졌다.
1802년	하일리겐슈타트로 요양을 떠났고, 두 동생에게 유서를 썼다. 교향곡 제2번을 발표했다.
1804년	나폴레옹을 생각하며 교향곡 제3번 〈영웅〉을 작곡했다. 그러나 나폴레옹이 스스로 황제가 되자 헌정을 취소했다.
1808년	교향곡 제5번 〈운명〉, 교향곡 제6번 〈전원〉을 발표했다.
1809년	피아노 협주곡 제5번 〈황제〉를 발표했다.
1819년	귀가 완전히 들리지 않게 되었다. 작곡에만 힘을 쏟았다.
1824년	교향곡 제9번 〈합창〉을 발표했다.
1827년	오스트리아 빈에서 세상을 떠났다.

독일 본에 있는 베토벤 동상.

베토벤 아저씨,
아저씨가 음악으로 사람들에게 전하고 싶었던 것은 무엇인가요?

　나와 같은 음악가는 자신의 경험을 바탕으로 사람이 느끼는 다양한 기분을 음악 속에 담으려고 한단다. 사람들이 듣고 즐거워하는 곡, 슬픔을 덜어 낼 수 있는 곡, 감동받는 곡을 만들기 위해 일상에서 느낀 감정을 다양한 선율로 표현하지. 음악 속에 담은 사상과 감정을 청중과 공유하는 것이 음악가로서의 큰 보람이거든. 그런데 내가 살던 시기에는 음악가들이 귀족을 위해 밝고 경쾌한 춤곡을 많이 만들었어. 음악을 주로 즐기는 사람도 귀족이었고, 음악가들에게 돈을 주는 사람도 귀족이었거든.

　나는 보통 사람들이 음악을 듣고 감동과 위로를 받을 수 있도록 그들이 느끼는 슬픔, 분노, 절망, 아픔과 같은 감정도 표현하고 싶었어. 특별한 사람들만을 위한 음악이 아닌 모든 사람들이 듣고 즐길 수 있는 음악을 만들고 싶었지. 그러기 위해서 세상에서 벌어지는 일에 관심을 갖고 그것을 음악으로 표현했어.

　그리고 삶에서 작은 행복과 기쁨을 느끼는 것이 우리가 살아가는 이유라는 것도 전하고 싶었어. 이것이 바로 내가 귀가 들리지 않는 고통 속에서도 포기하지 않고, 마음으로 음악을 느끼며 곡을 만든 까닭이란다.

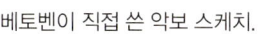
베토벤이 직접 쓴 악보 스케치.

음악이란 무엇일까요?

음악이란 인간의 사상이나 감정을 음의 높낮이, 박자 등과 같은 일정한 법칙과 형식을 통해 소리로 나타내는 예술이에요. 베토벤이 쓴 교향곡, 가요, 팝, 민요, 동요, 만화 주제가까지 우리 주변에는 다양한 음악들이 있지요.

우리는 노래의 가사, 즉 노랫말을 통해 즐거움과 위로를 얻기도 해요. 하지만 노랫말을 몰라도, 혹은 노랫말이 없어도 음악은 선율만으로도 사람의 마음을 위로하고, 흥겨움을 돋우어요. 한국어를 모르는 외국 사람들이 한국 가요를 좋아하는 것처럼 언어와 인종에 상관없이 모두가 감동을 느끼고 즐길 수 있는 것이 음악이에요.

작가가 문학 작품을 통해 독자와 소통하는 것처럼, 음악가는 음악 작품을 통해 청중과 소통해요. 베토벤처럼 사회에서 일어나는 일을 곡으로 쓰기도 하고, 그림이나 문학 작품을 소재로 곡을 만들기도 해요. 저마다 자신의 생각과 감정을 아름답게 표현하기 위해 노력하는 거예요. 청중은 노랫말에 공감하기도 하고, 즐겁고, 슬프고, 안타까운 감정을 표현한 아름다운 선율에 감동하기도 하며 음악을 즐기지요.

음악으로 소통하고 감정을 공유하는 음악가와 청중.

음악이 왜 인문학일까요?

음악은 소리로 감동을 일으켜요. 나이가 어려도, 글을 몰라도, 누구나 평등하게 듣고, 각자 다양한 감정을 느끼지요.

그런데 옛날 서양 음악은 그렇지 않았어요. 처음에는 교회의 성가처럼 신을 찬양하기 위한 음악이 주로 많았어요. 이후 음악가들이 왕이나 귀족의 후원을 받아 곡을 짓기도 하고, 연주회와 악보 출판으로 돈을 벌면서 다양한 음악을 만들어 가기 시작했어요. 베토벤처럼 사람 사는 이야기와 사람이 느끼는 다양한 감정을 음악 속에 담으려는 음악가도 많아졌지요.

누구나 즐길 수 있는 거리 연주.

베토벤은 음악가가 세상에 어떤 일이 일어나는지 살피고, 사람들이 그런 세상 속에서 무엇을 느끼고 바라는지 헤아려 곡을 쓴다면 자연스레 시민들도 음악을 가까이할 거라고 생각했어요. 베토벤의 생각대로 귀족 중심이었던 음악이 조금씩 시민들 곁으로 다가가기 시작했어요. 누구에게나 평등하게 다가가는 음악의 인문학 정신이 도드라진 것이지요.

좋은 음악은 시대가 흘러도 여전히 많은 사람들에게 감동을 전해요. 수백 년 전의 음악가와 사람 대 사람으로 만나 생각을 나누고, 감정을 공유할 수 있는 것. 이것이 바로 시대를 초월하여 모두에게 평등하게 전해지는 음악의 힘이랍니다.

인문학의 기초, 언어학

세종은 왜
새로운 문자를 만들었을까?

백성을 향한 안타까운 마음

경복궁에 동이 트고 있었어. 그때까지도 임금의 잠자리가 있는 강녕전의 내관들은 하나같이 어찌할 바를 모르고 발만 동동 구르고 있었지. 그럴 수밖에. 임금인 세종이 밤새도록 강녕전에 불을 밝히고 잠을 자지 않았거든.

얼마 전 세종은 암행을 나갔다가 뜻밖의 이야기를 듣게 됐지.

당시에는 억울한 일을 당하면 자신의 사연을 글로 써서 임금에게 전달하는 제도가 있었어. 하지만 양반이 아닌 일반 백성들은 글을 몰랐기 때문에 관리들이 대신 써 줘야만 했어. 그런데 관리들은 백성들의 억울한 사연을 듣고도 귀찮아하며 상소문을 제대로 써 주지 않았어. 결국 그런 일로 죄를 짓지도 않은 사람이 옥에 갇히는 일까지 벌어졌다지 뭐야.

"휴! 백성들이 글을 안다면 이런 일이 생기지 않을 텐데……."

그런 차에 세자 향이 아침 문안을 올리기 위해 찾아왔어.

"아바마마, 무슨 고민이시기에 잠을 이루지 못하셨나이까?"

"향아, 백성들이 문자를 배울 방법이 없겠느냐?"

"아바마마, 조선은 한자를 쓰고 있습니다. 평생 공부만 하는 사대부들에게조차 한자는 배우기 쉽지 않은 문자입니다. 하물며 먹고살기 바쁜 백성들이 한자를 배우는 것이 어찌 가능하겠사옵니까?"

세종은 세자 향에게 암행에서 들은 이야기를 전했어.

둘은 아무 말도 하지 않은 채 백성들이 문자를 배울 수 있는 방법에 대해 고민했어. 하지만 이렇다 할 해결 방법을 생각해 내지는 못했지.

세종은 아침 수라도 제대로 뜨지 못하고 신하들과의 아침 조회를 위해 대전으로 향했어. 그런데 그곳에서 아주 충격적인 소식을 들어야 했어.

"전하, 진주에서 아들이 제 아비를 죽인 사건이 일어났다 하옵니다."

세종은 한동안 말을 잇지 못했어. 대신 한 명이 오랜 침묵을 깨뜨렸지.

"전하, 그자를 능지처참하시옵소서."

하지만 세종을 손을 내저었어.

"벌주는 것만이 능사가 아니다. 이는 효를 제대로 깨우쳐 주지 못한 내게도 책임이 있느니라. 어찌하면 백성들을 올바로 가르칠 수 있을지 말해 보라."

"모든 것은 백성들이 무지한 탓이오니, 효행이 지극한 자들의 이야기를 모아 책으로 만들어 백성들에게 가르침이 어떠할까 싶습니다."

대신들은 하나같이 고개를 끄덕였어. 그럴듯한 방법이라고 생각했지. 하지만 세종의 표정은 의외로 어두웠어.

"백성 중에 글을 아는 이가 얼마나 되는지 알고 하는 말이더냐?"

그 말에 대신들은 꿀 먹은 벙어리가 되고 말았지.

임금이 된 후부터 세종은 백성들이 좀 더 편히 살 수 있도록 여러 가지 책을 편찬해 왔어. 아파도 의원을 찾아갈 돈이 없는 백성들이 책을 보고 병을 치료할 수 있도록 고려 때부터 내려오던 『향약구급방』이란 책을 다시 펴냈지. 또한 백성들이 농사를 잘 지을 수 있도록 우리나라 땅에 맞는 농사 기술을 모아서 『농사직설』이라는 책도 만들었어. 하지만 글을 모르는 백성들에게 이 모든 책들은 아무 소용이 없었던 거야.

'백성들도 글을 알면 좋으련만…….'
그러던 어느 날, 세종은 굳은 결심을 했어.

특급 비밀, 훈민정음 창제 프로젝트

"그래! 백성들도 쉽게 배울 수 있는 우리만의 문자를 만들어 보자!"

마음을 굳게 정한 세종은 차근차근 자신의 계획을 실행해 나갔어. 가장 먼저 세종은 세자는 물론이고 안평 대군과 진평 대군, 정의 공주를 은밀히 불러 모았어. 대군들은 그렇다 쳐도 정의 공주는 당시 결혼을 하여 사가로 나가 있었지. 모두 보통 일이 아니라는 걸 단번에 알 수 있었어. 자식들을 찬찬히 바라보던 세종은 무겁게 입을 떼었어.

"이 아비가 백성들을 위하여 새로운 문자를 만들려고 한단다. 아무도 모르게 해야 하는 일이지. 그러기 위해서는 너희들의 도움이 필요할 것 같구나."

세종의 자식들은 너무 놀라 한동안 아무 말도 할 수가 없었어. 모두가 얼마나 위험한 일인지 잘 알고 있었기 때문이었지. 진평 대군이 처음으로 입을 열었어.

"왜 하필 새로운 문자를 만든다 하십니까? 명나라의 문자를 버린다는 건 사대의 예를 저버리는 것이라는 오해를 받을 수 있습니다."

"네 말이 옳다. 하지만 내가 가장 중요하게 생각하는 것은 명나라가 아니라 내 나라 내 백성이니라. 백성들이 살기 편한 세상을 만들기 위해서는 쉽게 익힐 수 있는 문자가 꼭 필요하다. 백성들이 글을 안다면 많은 것을 배울 수 있게 되지 않겠느냐. 또 사대부들의 잘못된 점을 임금인 나에게 글로 써서 알릴 수 있겠지. 새로운 문자는 백성들에게 큰 힘이 되어 줄 것이다."

아버지 세종의 말을 들은 자식들은 가슴이 뜨거워졌어. 모두들 서로의 눈을 바라보며 손을 맞잡았지.

우리글 만들기 프로젝트가 시작된 순간이었어.

다음 날, 세종은 신하들에게 중대 발표를 했어.

"과인은 여러 해 동안 소갈증과 안질을 앓아 오고 있소. 이제는 눈이 안 보여 앞에 있는 사람도 분간하지 못할 정도요. 몸과 마음이 지쳐 더 이상 나랏일을 이전처럼 하지 못할 것 같소. 그러니 세자로 하여금 작은 일들을 처리하게 하려 하오."

"전하, 아니 되옵니다."

조정 대신들은 반대를 하고 나섰어. 하지만 세종은 물러설 수가 없었어. 새로운 문자를 만들기 위해서는 공부를 할 시간이 꼭 필요했거든. 대신들의 간곡한 반대 상소에도 세종은 눈 하나 깜짝하지 않았어. 온화했던 세종의 강한 모습에 신하들은 한발 물러설 수밖에 없었지.

세종은 대군들에게 일본의 문자와 인도 문자, 몽골의 파스파 문자를 조사하게 했어. 다른 나라 문자의 특성을 알면 새로운 문자를 만드는 데 도움이 되기 때문이었지. 정의 공주는 저잣거리를 돌아다니며 백성들이 쓰는 말을 듣고 기록하는 일을 맡았어. 이로써 백성들이 어떤 말을 주로 쓰는지 알 수 있었지. 그뿐만 아니라 전국 각지에서 올라온 사람들이 쓰는 다양한 사투리에 대해서도 조사할 수 있었어. 대군들과 공주가 조사한 내용은 비밀리에 세종에게 전해졌어.

한편, 세종은 본격적으로 집현전 학자들에게 문자에 대한 강의를 하도록 했지. 집현전은 조선에서 내로라하는 인재들이 모여 학문을 연구하던 기관이야. 세종이 왕위에 오르자마자 공을 들여 완성한 곳이었지.

세종은 집현전에 있는 문자에 대한 책이란 책은 모조리 읽고 공부했어. 문자의 기본 원리와 법칙, 변화, 발음에 관해 집요하게 파고들었지. 하지만 집현전에 있는 책만으로는 궁금증을 모두 해소할 수가 없었어.

그래서 세종은 명나라와 일본에 사람을 보내 책을 구해 오도록 했지. 세종은 밤늦게까지 세자와 함께 새로 구해 온 책의 내용을 모두 분석했어. 급기야 잘못된 점을 가려내는 경지에까지 이르렀지.

모든 것이 착착 준비되는 듯했지만 큰 문제가 하나 있었어. 바로 세종의 건강이었어. 세종은 젊었을 때부터 건강이 좋지 않았어. 특히 눈이 좋지 않았지. 게다가 문자 연구로 무리를 한 탓에 책을 보기 힘들 정도로 시력이 나빠졌던 거야. 그래도 세종은 포기하지 않았어.

"시간이 없어. 눈이 안 보이기 전에 마무리를 해야 해."

눈앞이 뿌옇게 흐려져 갔지만 세종은 눈을 비벼 가며 다시 한 번 마음을 다잡았어.

훈민정음을 만들다

세종을 곁에서 모시는 엄 내관은 고개를 갸우뚱거렸어. 얼마 전부터 왕이 자꾸만 이상한 행동을 했기 때문이지.

"가, 느, 므, 스, 으, 으하하……."

세종은 하루 종일 거울 앞에서 입을 크게 벌리고 이상한 소리를 내면서 무언가 끊임없이 적곤 했어.

"새로운 문자는 백성들이 배우기 쉽게 만들어야 해. 그러기 위해선 백성들의 말소리와 문자가 비슷해야 하지."

소리를 닮은 문자를 만들기 위해서는 어떻게 소리가 나는지 제대로 알아야 했어. 그래서 세종은 우리말을 하나하나 발음해 보면서 입과 입술, 입안의 기관들이 어떻게 움직이는지 관찰했지.

눈만 뜨면 거울을 보고 하루 종일 발음을 해 댔으니 목이 성할 리가 없었지. 급기야 목소리조차 나오지 않을 지경이었어.

그러던 어느 날, 세종은 엄 내관을 불러 쪽지 하나를 건넸어. 목소리가 나오질 않으니 이 방법밖에는 없었던 거야.

'시체를 해부한 적이 있는 의원을 은밀히 불러다오.'

세종의 부름에 달려온 의원은 어찌 된 영문인지 몰라 눈만 껌뻑였어. 세종은 의원에게도 쪽지를 건넸어.

'사람의 코와 입, 목의 해부도를 그려 보아라.'

　아무리 입을 크게 벌리고 거울을 들여다봐도 목 너머까지 들여다볼 수는 없는 노릇이었지. 의원은 차분히 그림을 그려 나갔어. 세종은 사람의 발음 기관이 어떻게 생겼는지 찬찬히 살펴보았지. 그리고 사람의 목에서 어떻게 소리가 나는지도 알 수 있었어.

　어느 늦은 밤, 세종은 세자와 대군들 그리고 정의 공주를 조용히 불러 모았어. 새로운 문자를 만들기 위해 그들이 수년 동안 조사하여 정리한 문서가 방을 가득 메우고 있었지. 그리고 그 방 한가운데 종이 한 장이 놓여 있었어.

　종이 위에는 모두가 처음 보는 문자가 쓰여 있었지.

　　자음　ㄱ　ㄴ　ㅁ　ㅅ　ㅇ
　　모음　·　ㅡ　ㅣ

　드디어 세종이 새로운 문자를 만들어 낸 거야.

　세자와 대군들은 아버지가 만든 문자를 찬찬히 살펴보았어. 세종은 자식들에게 문자 하나하나를 짚어 가며 창제 원리를 설명해 주었지.

　"소리는 자음과 모음으로 이루어져 있단다. 그중에서 자음은 발음 기관의 모양을 본떠서 만들었지. 'ㄱ'은 혀뿌리가 목구멍을 막는 모양을 본떠서 만들었고, 'ㄴ'은 혀가 윗잇몸에 닿는 모양을 본떠서 만들었다. 'ㅁ'은 입 모양을, 'ㅅ'은 이 모양을, 'ㅇ'은 목구멍의 모양을 본떠서 만들었지. 여기에 획을 더해 추가로 자음을 만들어 나갈 생각이란다."

세종은 단순해 보이지만 아주 과학적인 방법으로 문자를 만들었어. 소리의 특성이 문자에 그대로 입혀지니 배우기도 쉬울 수밖에 없었지.

하지만 세종은 쉬운 문자를 만드는 것에 그치지 않았어. 세종은 오래전부터 문자는 그 나라의 정신이자 힘이라고 생각했지. 그렇기 때문에 새로운 문자에 우리 민족을 위한 철학을 담고자 했어.

"향아, 오행의 원리가 무엇이냐?"

뜻밖의 질문에 세자는 어리둥절했어. 허투루 질문을 하는 아버지가 아니었기에 세자는 조심스레 대답을 했지.

"오행은 만물이 생겨나고 사라지는 데 있어 기본이 되는 물, 나무, 불, 흙, 쇠를 말합니다. 물은 나무를 자라게 하고, 불은 나무를 태워 없앱니다. 타 버린 나무는 재가 되어 흙으로 돌아가고 그 흙은 쇠를 품고 있습니다. 하여 세상의 이치는 오행의 조화에 달려 있다 하옵니다."

세자뿐 아니라 다른 자식들도 아버지가 무엇 때문에 질문을 던졌는지 여전히 알 수가 없었어. 모두가 고개를 갸웃거리며 세종의 입만 쳐다보고 있었지.

"사람의 몸도 오행과 음양의 이치를 따르고 있느니라. 하물며 사람의 입에서 나는 소리라고 다르겠으며 그 소리를 적는 문자라고 다르겠느냐. 'ㄱ'은 목구멍이 닫혔다가 열리면서 어금니에서 나는 소리인데, 어금니는 울퉁불퉁한 것이 길게 이어져 있어 그 성질이 나무라 할 수 있느니라. 'ㄴ'을 만든 혀는 날렵하게 움직이는 것이 이글거리며 활활 타오르는 불과 같고, 'ㅁ'을 만든 입과 입술은 소리를 널리 머금고 있으니 만물을 품은 땅과 같아 흙이라 볼 수 있느니라. 'ㅅ'을 만든 이는 단단하여 사물을 끊을 수 있으니 쇠가 아니겠느냐. 'ㅇ'을 만든 목구멍은 입안 깊숙한 곳에 축축하게 젖어 있으므로 물의 성질을 지녔다고 할 수 있느니라."

자음의 기본이 되는 다섯 개의 문자는 모두 오행의 원리를 품고 있었던 거야. 세종의 설명이 끝나자 모두들 입을 다물 수가 없었지.

한편, 이야기를 잠자코 듣고 있던 정의 공주는 모음을 주의 깊게 살펴보았어.

"아바마마, 그렇다면 모음에는 어두움과 밝음, 즉 땅과 하늘의 이치인 음양의 원리가 담겨 있는 것이옵니까?"

"허허허. 그래! 정의가 바로 보았다. 이 아비는 새로운 문자를 통해서 조선의 백성 모두가 함께 조화를 이루며 살기를 바란단다. 그러기 위해서는 세상의 모든 것이 잘 어우러져야 하지. 바로 하늘과 땅, 사람 말이다. 그래서 하늘의 둥근 모양을 본떠 'ㆍ'를 만들었고, 땅의 평평한 모양을 본떠 'ㅡ'를 만들었단다. 그리고 하늘과 땅 사이에 사람이 서 있는 모양을 본떠 'ㅣ'를 만든 것이란다."

이렇듯 세종은 과학적인 방법으로 쉬운 문자를 만들면서 그 안에 세상의 이치와 우리 민족을 위한 철학까지 담아냈어.

환영받지 못한 우리 문자, 훈민정음

쌀쌀한 겨울바람이 불던 어느 날, 세종은 드디어 꼭꼭 숨겨 왔던 비밀 프로젝트의 결과를 발표했어.

"대신들은 들으라. 우리말은 중국말과 달라서 한자와는 서로 잘 통하지 아니한다. 그래서 그동안 내 백성들은 자신의 뜻을 글로 표현하고 싶어도 표현할 수가 없었느니라. 내 이를 불쌍하게 여겨 새로 스물여덟 글자를 만들었으니, 모든 백성으로 하여금 쉽게 익혀서 날마다 편히 쓸 수 있게 할 것이니라."

백성을 가르치는 바른 소리, 훈민정음이 처음으로 세상에 나오게 된 거야. 대신들의 반대는 세종의 예상보다 훨씬 거셌어.

"전하, 새로 문자를 만드시는 것은 불가합니다. 이는 명나라를 버리고 스스로 오랑캐가 되려는 것이옵니다. 그리고 한자를 모르는 백성들을 위해서라면 신라 시대 설총이 만든 이두가 있지 않사옵니까?"

좀처럼 화를 내지 않았던 세종은 그 어느 때보다 무서운 표정을 지었어. 세종은 소리 높여 대신들을 꾸짖었지.

"그대들은 명나라는 보이고 고통받는 백성들은 보이지 않느냐? 이두는 한자의 소리와 뜻을 빌려 우리말을 표기하는 것에 불과하다. 한자를 모르면 이두 또한 제대로 알 수가 없다는 걸 그대들도 잘 알고 있을 터인데. 그대들이 새로운 문자를 반대하는 진짜 이유가 따로 있는 것이 아니냐? 백성들이 글을 알면 지혜로워질 것이고, 지혜로운 백성들은 그대들의 잘 잘못을 논할 수 있게 될 것이며, 그리되면 그대들의 허물이 드러날 터이니 그것이 두려워서가 아니더냐?"

"전하, 그것이 아니오라 무지한 백성들이 글을 읽고 쓸 줄 안다면 무고한 관리를 고발하는 일이 넘쳐 나 나라가 혼란에 빠질 것이옵니다."

하지만 세종의 생각은 달랐어. 백성들이 문자를 알면 책을 통해 법과 도리를 배워 해야 할 일과 하지 말아야 할 일을 가려낼 수 있을 거라고 생각했어. 그렇게 되면 백성들이 법을 몰라 죄를 짓는 일도, 또 죄를 짓지도 않았는데 억울하게 벌을 받는 일도 사라지게 될 거라고 믿었지. 세종은 그것이야말로 조선이 진정으로 바로 서는 길이라고 생각했어.

조선을 바꾼 훈민정음

세종은 훈민정음을 널리 퍼뜨리기 위해 끊임없이 노력했어. 먼저, 세종은 몸소 훈민정음을 사용하는 모습을 보였어. 관리들의 죄를 직접 훈민정음으로 써서 당시 사법 기관인 의금부와 왕의 비서 기관인 승정원에 보낸 거야. 나라의 공식적인 일에 훈민정음을 사용하기 시작한 거지.

또한 세종은 하급 관리 시험에 훈민정음을 포함시키도록 했어. 이것은 훈민정음을 퍼뜨리는 데 아주 효과적인 정책이었지.

이 외에도 세종은 각종 책을 훈민정음으로 펴냈어. 『용비어천가』, 『석보상절』, 『월인천강지곡』과 같은 책을 말이야. 『용비어천가』는 조선을 세운 선대왕 여섯 분의 업적을 노래로 만들어 찬양한 거야. 세종은 백성들이 이 책을 읽고 조선이라는 나라를 자랑스럽게 여기길 바랐어.

『석보상절』은 석가모니의 일대기를 쓴 책이고, 『월인천강지곡』은 석가모니의 공덕을 찬양하는 노래를 실은 책이야. 조선은 유교 국가였지만 백성들 대부분은 불교를 믿고 있었어. 백성들은 이러한 책들을 통해 자기 나라에 대해, 또 자기가 믿는 종교에 대해 하나씩 알아 갈 수 있게 된 거지.

여전히 조정의 대신들과 양반들은 훈민정음 사용을 거세게 반대했어. 하지만 궁궐의 왕비, 공주, 궁녀들도 훈민정음을 썼고, 양반가의 부녀자들도 훈민정음을 썼어.

훗날, 조정에서도 나라에 급한 일이 있을 때에는 훈민정음으로 된 방을 붙였어. 나라에 전쟁이 일어났을 때나 도적을 잡을 때와 같이 백성들의 생활과 관계가 깊은 중요한 일은 훈민정음으로 써서 알린 거지.

훈민정음 창제 이전에는 방이 붙어도 백성들이 그 내용을 알 수가 없었어. 그래서 나라에서 명하는 일과 금지하는 일 모두를 잘 알지 못했어. 하지만 백성들이 쉽게 글을 읽을 수 있게 되면서 조선은 백성들과 함께 나랏일을 해 나갈 수 있게 된 거야. 그리고 마침내 억울한 일을 당한 백성들이 임금님께 직접 상소문을 올리는 일도 생겨났어.

물론 양반들은 훈민정음을 천한 글이라고 무시하며 한자를 고집했지. 하지만 양반들의 멸시와 천대에도 불구하고 훈민정음은 수백 년에 걸쳐 조선 전체에 뿌리를 내려 갔어. 이는 백성들이 끊임없이 훈민정음을 배우고 지켜 나갔기 때문이지. 백성들은 자신들을 사랑한 세종의 마음을 훈민정음을 통해 느낄 수 있었을 거야.

세종 世宗

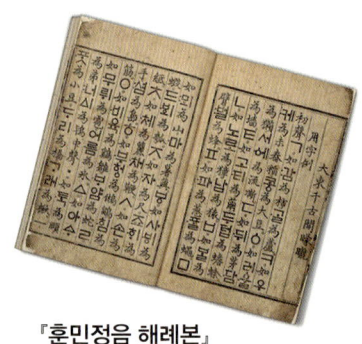

『훈민정음 해례본』
훈민정음을 반포할 때 만든 책으로, 자음과 모음을 만든 원리, 실제 사용법 등이 상세하게 나와 있다.

1397년　태종 이방원의 셋째 아들로 태어났다.
1418년　태종이 상왕으로 물러나고 왕위에 올랐다.
1420년　집현전을 확대해 학문 연구 기관으로 만들었다.
1426년　출산을 앞둔 여자 노비에게 100일간 출산 휴가를 주었다.
1427년　고려 시대 때 발간된 의학서 『향약구급방』을 인쇄하여 널리 알렸다.
1429년　우리나라 풍토에 맞는 농사법을 정리한 책 『농사직설』을 편찬하였다.
1432년　천민 계급의 자제들이 향학(지방에 설치한 교육 기관)에 입학하는 것을 허가했다.
1433년　우리나라 풍토에서 나는 약재에 관한 의약서 『향약집성방』을 편찬했다.
1443년　누구나 쉽게 배울 수 있는 우리나라 고유의 문자, 훈민정음을 창제했다.
1444년　집현전 관리 최만리가 훈민정음에 반대하는 상소를 올리자 크게 꾸짖었다.
1445년　권제, 정인지 등이 훈민정음으로 『용비어천가』를 지어 올렸다.
1446년　훈민정음을 반포하고, 이와 관계된 일을 처리하는 언문청을 설치했다.
1447년　수양 대군에게 『석보상절』을 편찬하게 했다.
1449년　석가모니의 공덕을 노래한 『월인천강지곡』을 훈민정음으로 펴냈다.
1450년　여덟째 아들인 영응 대군의 집에서 숨을 거두었다.

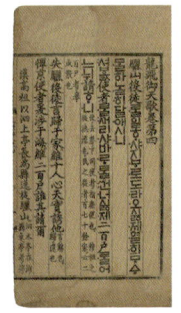 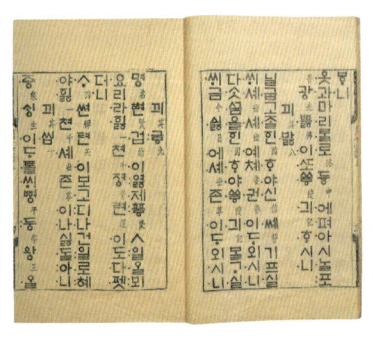

『용비어천가』(왼쪽)
『월인천강지곡』(오른쪽)

세종 대왕님, 신하와 양반들이 반대하는 한글을 어떻게 지키고 널리 알리셨나요?

　나는 가장 먼저 나랏일에 쓰는 공문서를 훈민정음으로 직접 작성해서 의금부와 승정원으로 보냈어. 공문서의 내용은 당시 세상을 떠난 소헌 왕후를 기리는 불교 행사를 반대한 관리들을 벌하라는 내용이었지. 그다음으로 훈민정음을 보급하는 전문 관청인 언문청을 설치하고, 문서를 담당하는 관리들을 뽑을 때 훈민정음을 시험 과목으로 넣었어. 공문서를 작성하는 사람들이 훈민정음을 잘 써야 훈민정음이 백성들에게 널리 퍼질 수 있다고 믿었거든.

　또, 일반 백성들과 양반들 모두를 위한 책을 훈민정음으로 펴내는 데도 힘을 쏟았단다. 조선은 유교 국가였지만 백성들은 여전히 불교를 많이 믿고 있었어. 그래서 둘째 아들인 수양 대군을 시켜 석가모니의 일대기를 담은 『석보상절』을 쓰게 했어. 이를 바탕으로 나는 석가모니의 가르침을 달에 비유한 『월인천강지곡』을 썼지. 또 양반들을 위해서는 한자 발음 사전인 『동국정운』과 조선 왕조의 정당성을 노래한 『용비어천가』를 펴냈어. 훈민정음에 반대한 양반들일지라도 책의 내용은 도움이 되었기에 훈민정음을 외면할 수만은 없었고, 이러한 나의 노력은 훈민정음을 보급하는 데 도움이 되었단다.

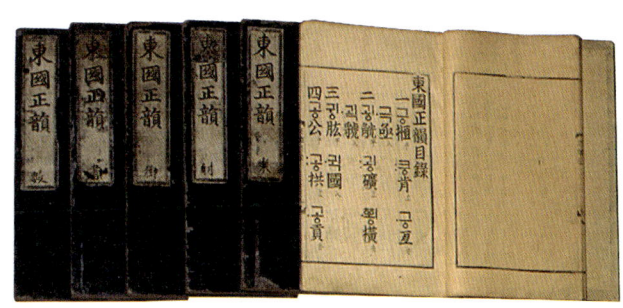

『동국정운』
한자음을 훈민정음으로 표기한 한자 발음 사전.

언어란 무엇일까요?

언어는 사람의 생각이나 느낌을 표현하거나 전달하기 위해 쓰는 수단을 말해요. 언어에는 음성 언어와 문자 언어가 있어요. 음성 언어는 말소리로 나타내는 언어예요. 말하기와 듣기는 음성 언어를 통해 이루어지는 언어 활동이지요. 문자 언어는 글자로 표기하는 언어예요. 읽기와 쓰기는 문자 언어를 사용하는 활동이지요. 문자 언어의 가장 큰 장점은 한 번 기록해 놓으면 시간과 공간을 초월하여 오래도록 전달할 수 있다는 거예요. 우리가 과거의 역사와 문화를 알 수 있게 된 것은 바로 문자 언어가 있었기 때문이에요.

언어의 주요 기능은 사람들 사이의 의사소통이에요. 인류는 언어를 통해 서로 이해하고 도우며 새로운 문화를 창조해 왔어요. 같은 언어를 사용하는 사람들은 문화와 전통을 함께 창조하고 공유하며 이어 가지요.

세계에는 다양한 민족과 언어가 있지만 모든 민족이 우리나라처럼 고유의 말과 글을 가지고 있지는 않아요. 나라가 멸망하면서 언어도 함께 사라진 곳이 있는가 하면 침략을 받아 남의 나라 언어를 쓰고 있는 나라도 있어요. 우리 민족의 얼이 담겨 있는 우리 고유의 문자, 한글이 있다는 것은 참 고마운 일이 아닐까요?

세계의 여러 언어.

언어학이 왜 인문학일까요?

　언어 사용은 다른 동물들과 달리 인간만이 가지고 있는 특징 중 하나예요. 물론 동물들도 특정한 소리나 몸짓으로 의사소통을 하고, 이것을 인간의 언어에 비유하여 동물의 언어라고 부르기도 해요. 하지만 인간처럼 정교하고 창조적으로 언어를 사용하는 동물은 없어요.

　세상에는 수천 개의 언어가 있어요. 우리는 살아가면서 몇 개의 언어를 배우게 될까요? 언어를 배운다는 것은 단순히 말과 글을 배우는 것이 아니라 그 언어를 사용하는 사람들의 생각과 문화까지도 알게 된다는 뜻이에요. 언어에는 그 언어를 사용하는 사회의 가치가 반영되어 있거든요. 그래서 한 나라의 언어를 제대로 배우면 그 나라 사람들을 더 잘 이해할 수 있게 돼요.

　결국, 언어는 인간을 이해하고 탐구하는 데 가장 기본이 되는 수단이라고 말할 수 있어요.

　한편, 인류의 발자취를 기록한 역사, 인간의 근본 원리를 탐구하는 철학, 인간의 희로애락을 담은 문학 등 인문학의 기초가 되는 학문들은 언어가 있었기에 오늘날처럼 발달할 수 있었어요. 그래서 인문학이 언어에서 시작되었다고 보는 사람들도 있어요.

고대 이집트의 상형 문자를 연구하는 언어학자.

생활에 필요한 공간을 만드는 건축학

가우디는 왜 자연과 사람을 주의 깊게 살폈을까?

전통과 원칙에서 벗어난 생각

"가우디, 또 도서관에 있었어? 교수님 화나셨어."

"어, 새로 들어온 건축 책 좀 보느라고."

가우디는 책 속에 파묻은 고개를 들지도 않고 대답했어. 친구는 다시 한 번 가우디의 어깨를 툭툭 쳤어.

"지난번엔 교수님 설계도를 비판하더니 수업까지 빠지면 어떡해."

친구 목소리에 걱정이 가득했어. 가우디는 그제야 고개를 들었어.

"아무리 교수님 설계도라고 해도 할 말은 해야지. 그건 이미 바르셀로나 거리에 수없이 널려 있는 건물들과 다를 게 없었다고. 차라리 책을 보는 게 낫지."

"어휴, 정말 못 말린다. 너, 오늘 교수님한테 단단히 찍혔어."

친구는 고개를 절레절레 젓고는 도서관 밖으로 나갔어. 가우디는 다시 책장을 넘기며 세계 곳곳의 독특한 건축물에 빠져들었어.

가우디는 철이나 유리처럼 새로운 재료를 사용하고, 지역의 자연환경을 살려서 짓는 건축물에 관심을 갖고 있었어. 건축가의 상상력과 개성을 마음껏 펼칠 수 있는 작업 말이야.

'오래전부터 유행하던 양식을 따르는 건 재미없어!'

그래서 틈만 나면 도서관에 틀어박혀 유럽의 건축뿐만 아니라 아랍이며 동양의 건축까지 관심을 갖고 찾아보았어.

가우디는 책을 덮고 예술 수업 노트를 꺼냈어.

그동안 예술은 성당의 벽화나 예수의 조각상처럼 종교적인 내용을 표현해 왔다. 그러나 이제는 사람의 생활 모습을 그리는 화가가 많아졌고, 예술가들은 사람에게 필요한 공예품을 만들어 내고 있다.

'맞아. 중요한 건 사람이야, 사람!'
골똘히 생각에 잠겼던 가우디는 노트에 뭔가를 적어 내려갔어.

예술가는 사람의 삶과 문화와 역사를 이해하는 것이 중요해. 요즘 사람들에게 필요한 예술을 발전시키는 밑거름이 될 테니까. 건축도 마찬가지야. 신을 위한 건축에서 사람을 생각하고 배려하는 건축으로 변해야 해.

건물을 몇 층으로 짓고, 문을 어떻게 만들고, 지붕의 모양을 어떻게 할지 고민해 설계도를 그리는 것만이 건축 공부가 아니었어. 가우디는 예술이 변화하는 것처럼 건축도 변해야 한다고 생각했어. 사람의 살림살이가 이루어지는 공간을 짓는 일인 만큼 사람의 생각과 행동을 좀 더 치밀하게 살펴야 한다고 생각했지.

그러니 대대로 내려오는 건축 양식만 앵무새처럼 반복하는 교수님들의 이야기가 귀에 들어올 리가 없었지. 가우디는 수업을 밥 먹듯 빠지고, 과제도 꼴찌로 내기 일쑤였어.

어느 날 수업 시간이었어. 학생들은 한 명씩 앞으로 나가 자신이 그려 온 건물의 설계도를 발표했어. 몇 주 전에 교수가 공동묘지를 설계하라는 과제를 내 주었거든.

드디어 가우디 차례가 왔어.

"가우디 군, 자네 설계도에 대해 설명 좀 해 보게. 도대체 무얼 짓고 싶은 건가?"

교수가 탐탁지 않은 목소리로 가우디에게 물었어. 평소 수업도 자주 빠지고 엉뚱한 이야기만 늘어놓는 가우디가 못마땅했지.

"네, 공동묘지는 죽은 사람을 떠나보내는 공간입니다. 그렇기 때문에 주변 풍경을 어둡게 칠하고, 슬퍼하는 사람들도 그렸습니다."

가우디는 자신 있게 대답했어. 교수는 기가 막힌다는 표정이었어.

"뭐라고? 이건 풍경화지 설계도라고 할 수 없네. 설계도는 건물을 어떻게 지어야 하는지 그 구조를 정확하게 그려 내는 자료야. 이 설계도를 보고 누가 건물을 지을 수 있겠나?"

"하지만 단순히 건물의 구조만 알려 주기보다는 건축가가 어떤 사람을 생각하고 설계했는지를 알려 주는 것이 좋다고 생각합니다."

가우디는 조금도 굽히지 않았어. 오히려 교수가 원칙을 내세울수록 더 구체적으로 설명했어. 그건 '사람을 생각하는 건축'이라는 평소 자신의 철학이 담긴 주장이었어.

"아니! 설계도는 건물의 위치, 크기와 형태, 재료와 색 등을 모두가 알 수 있도록 그려야 해. 자네의 생각은 알겠네만 수업 원칙을 벗어나면 점수를 줄 수 없어!"

교수가 목소리를 높였어.

"네, 알겠습니다. 교수님."

마지못해 대답했지만, 가우디는 속으로 다시 한 번 다짐했어.

'전통적인 건축 양식과 수업 원칙도 중요하지만, 제 생각을 굽히지 않을 거예요. 저만의 건축물을 만들 거라고요!'

사람도 자연의 일부이다

1878년, 가우디는 학교를 졸업하고 건축 사무실을 열었어. 아주 작은 데다가 일감도 없는 사무실이었지만, 가우디는 자신만의 공간을 마련한 것이 마냥 기뻤지. 책상 하나, 의자 하나까지 모두 자기 손으로 만들고 꾸몄어.

어느 날, 가우디는 금속 공예 전문가 푼티의 작업실에서 책상을 만들고 있었어. 고향의 산과 동식물을 본뜬 금속 장식을 만드느라 이곳에서 거의 살다시피 했지. 한참 금속판을 두드리며 구슬땀을 흘리고 있는데, 한 남자가 다가오더니 가우디에게 손을 내밀었어.

"오, 가우디! 꼭 만나고 싶었어요. 나는 구엘이라고 해요."

가우디를 보며 활짝 웃는 그 남자는 벽돌 사업으로 성공한 사업가 구엘이었어. 구엘은 바르셀로나의 젊은 예술가들을 후원해 주었는데, 파리 만국 박람회에서 가우디가 만든 장식장을 눈여겨보고 수소문 끝에 찾아온 거야.

가우디는 바짓단에 손을 쓱쓱 닦은 뒤 구엘이 내민 손을 잡았어.

"이야, 책상을 네모반듯한 모양이 아니라 부드러운 곡선을 넣어 디자인했네요. 어, 장식은 금속판으로 만들고 있군요. 정말 독특해요. 이건 당신이 쓸 건가요?"

구엘은 가우디가 만드는 책상의 장식 하나하나를 훑어보며 감탄했어.

"예, 제 사무실에서 쓸 책상이라서 제가 가장 좋아하는 것들로 꾸미고 있어요. 이 장식들은 고향 몬세라트 산의 둥글둥글한 바위기둥과 그곳의 동식물에서 영감을 얻었지요."

가우디는 쑥스러웠지만 구엘의 물음에 친절하게 대답했어. 가우디와 구엘은 그날 한참 동안 이야기를 나누었어. 나이도 다르고 하는 일도 다르지만, 둘은 서로 잘 통한다는 것을 느꼈어.

구엘은 바르셀로나에는 없는 색다른 집을 짓고 싶었기 때문에 가우디와 종종 만나서 건축 이야기를 나누었어.

"나는 화려한 바로크 양식이나 뾰족한 아치로 멋을 낸 고딕 양식의 건물은 짓고 싶지 않아요. 그런 건 이미 너무 많이 지어졌어요."

"제 생각도 마찬가지입니다. 성당과 사람이 사는 집은 달라야 해요. 저는 자연에서 온 곡선과 포물선, 둥근 아치를 주목하고 있습니다. 얼마든지 아름다운 자연을 건축에 담을 수 있어요. 이미 그런 시도가 시작되기도 했고요."

"자연을 담는다……. 흥미롭군요."

"네. 요즘 유럽의 건축가들은 전통적인 건축에서 벗어나고 있어요. 둥근 돌과 산등성이의 부드러운 곡선을 테라스에 넣고, 파도가 치는 모양을 건물 옥상에 표현하지요. 자연과 동식물의 모습으로 사람이 편안함을 느낄 수 있도록 하는 거죠."

가우디는 평소 관심을 갖고 있던 건축가들의 작업에 대해 자세하게 설명했어.

"아하, 당신이 만들던 책상 장식이 떠오르는군요. 금속으로 만들어 매끈하고 반짝이지만, 자연을 담아 친근함이 느껴지는 것! 바로 그런 느낌의 건축물을 말하는 것이지요?"

구엘이 무릎을 탁 치고는 물었어.

"네, 맞아요. 사람도 자연의 일부이기에 건축물 안에 자신이 좋아하는 자연 요소가 표현되어 있으면 마음이 편해지지요."

건축가는 상상력을 발휘해 건축물을 새롭게 설계하는 사람이야. 하지만 가우디는 새로운 건축에서 한발 더 나아가 집이든 학교든 성당이든 그곳을 사용하는 사람들이 금세 익숙함과 편안함을 느낄 수 있어야 한다고 생각했지.

그래서 가우디는 건물을 이용할 사람에게 어디에서 자랐는지, 고향의 자연 풍경은 어땠는지, 좋아하는 것은 무엇인지 물어봤어.

"그리고 사람마다 좋아하는 것이 다르잖아요. 전 모든 건물에 사람들의 철학과 삶의 가치를 녹여내고 싶어요."

구엘은 가우디의 생각에 깊이 공감했어.

"좋아요. 나 역시 누구든 '이곳은 구엘의 건물이군.' 하고 알아차릴 수 있는 나만의 공간을 갖고 싶어요. 우리 집안의 건축을 맡아 당신 생각을 원 없이 펼쳐 보세요."

가우디는 구엘의 지원 아래 건축가로서 마음껏 작품을 만들 수 있었지. 그리고 '구엘 저택'을 비롯하여 타일로 만든 집 '카사 비센스', 여름 별장 '엘 카프리초', '성 테레사 수녀원 학교' 등 바르셀로나 곳곳에 자신의 건축물을 세워 나갔어.

노동자 마을에 담은 가우디의 꿈

1898년, 구엘이 평소와 다른 부탁을 했어.

"가우디, 우리 공장에서 일하는 사람들이 모여 살 마을을 지으려고 합니다. 바르셀로나 외곽에 천여 명이 살 만한 땅을 사 두었는데, 설계를 맡

아 줄 수 있겠어요?"

"아, 공동 주택 단지를 지으시려는 건가요?"

"맞아요. 지금 노동자들이 사는 집은 임시로 지어서 허름하고 비위생적이에요. 그래서 병에 걸리는 사람이 많은 것 같아요. 깨끗한 집에서 편히 쉬어야 공장에서 열심히 일할 수 있지 않겠어요?"

구엘은 가우디에게 자신의 뜻을 찬찬히 설명했어.

가우디는 구엘의 말을 들으며 생각에 잠겼어. 평소 가우디는 노동자의 삶에 관심이 많았어. 아버지도 대장장이였고, 친척들 모두 대대로 노동자였기 때문이야. 산업 혁명 이후 공장이 줄줄이 들어서면서, 19세기 후반부터 바르셀로나에는 일자리를 찾는 사람들이 수없이 몰려들었어. 사람들이 한꺼번에 몰려오다 보니 집이 모자라, 가난한 노동자들은 비좁고 더러운 곳에 살 수밖에 없었어.

가우디는 한참 만에 입을 열었어.

"제가 꼭 해야 할 일인 것 같군요. 예전에도 비슷한 일을 맡은 적이 있으니 걱정 마세요."

"우리 함께 질병과 폭력과는 거리가 먼 살기 좋은 노동자 마을을 만들어 봅시다."

구엘과 가우디의 생각이 또 한 번 맞아떨어졌어.

이전에 가우디는 대학 친구의 부탁으로 노동자 마을을 설계한 경험이 있었어.

'노동자들에게는 부지런함과 협동이 중요해. 꿀벌만큼 노동자와 잘 어

울리는 건 없지!'

가우디는 벽면의 그림 하나, 휴지통 하나까지 꿀벌 그림을 넣어 직접 디자인할 정도로 신나게 일했어. 그때 지었던 '마타로 노동자 단지'는 쓰레기가 넘쳐 나는 공장 주변 주택가를 깨끗하게 정비해서 사람들이 함께 모여 일하고 삶을 꾸려 가도록 만든 공간이었어.

또 한 번 가난한 노동자들을 위한 마을을 짓는다는 생각에 가우디의 가슴이 부풀어 올랐어.

가우디는 하루 종일 힘들게 일한 사람들이 편히 쉴 수 있도록 주택과 음식점, 학교와 성당 등을 서로 멀지 않은 곳에 지었어. 그리고 될 수 있으면 나무나 꽃을 베어 내지 않고 살려 두었지. 마치 숲에서 쉬는 것처럼 자연을 느낄 수 있도록 말이야.

그뿐만 아니라 집을 짓는 인부들에게 품삯을 넉넉하게 주었어. 구엘 공장의 노동자들을 위해 짓는 곳인 만큼, 이곳을 짓는 인부들도 정당한 품삯을 받고 즐겁게 일할 수 있도록 배려한 것이지.

가우디는 집과 학교를 짓는 일은 조수들에게 맡기고 작은 성당을 짓는 일에 매달렸어. 평화로운 마을, 그 속의 아름다운 성당에서 사람들이 올바른 가치관과 삶을 살아가는 힘을 얻기를 바라면서 말이야.

그러던 어느 날이었어. 구엘 공장에서 일하던 청년이 실수로 황산이 든 통에 다리를 빠뜨려 아주 심각한 화상을 입었어. 청년은 급히 병원으로 실려 갔지만 상태가 좋지 않았지.

"살이 다 타들어 갔어요. 그대로 두면 피부가 계속 곪기 때문에 다리를 잘라 낼 수밖에 없어요."

의사가 안타까운 목소리로 말했어.

"오, 한쪽 다리로는 먹고살 수가 없어요. 제발 도와주세요. 흑흑."

다리를 잃게 될지도 모른다니! 청년은 몸부림을 치며 울었어.

"절대 포기하지 말아요."

"맞아요. 우리 함께 일해 왔잖아요. 어려움도 함께 이겨 내야죠."

공장 동료들이 청년의 손을 꼭 잡고 다독였어.

청년의 소식은 마을 안에 쫙 퍼졌어. 그러자 놀라운 일이 생겼지 뭐야. 공장의 노동자들은 물론 성당의 신부와 수도사, 건물을 짓던 인부들까지 병원으로 달려온 거야.

"제 피부를 떼어서 써 주세요."

"저도 돕겠습니다. 젊은 사람이 다리를 잃으면 안 되죠."

같은 공장에서 일하고, 같은 곳에 모여 살면서 이들은 가족과 다름없이 서로를 아끼고 보듬어 주는 사이가 되었어. 사람들은 마취도 없이 피부를 내어 줬지. 모두 마흔여덟 명의 마음이 모여 청년은 다리를 잃지 않고 건강을 회복할 수 있었어.

맞아! 가우디의 바람대로 사람들은 가우디가 지은 공간에서 협동하며 사랑하는 마음을 키워 갔어. 동료와 이웃을 구하려는 놀라운 희생정신은 바로 그 마음에서 나왔던 거야. 이 일을 통해 가우디는 사람을 생각하며 건물을 짓고자 하는 자신의 신념에 더욱 더 확신을 가질 수 있었지.

가우디의 마지막 작품, 성가족 성당

1909년, 가우디는 고급 연립 주택 '카사 밀라'를 짓고 있었어. 물결이 일렁이는 듯 부드러운 곡선 형태로 건물은 다 지었지만 옥상에 올릴 성모상이 완성되지 않아 마무리를 하지 못하고 있었지.

그런데 큰일이 생겼어. 그 무렵 바르셀로나에는 일자리를 잃은 노동자들이 많았는데, 참고 참던 이들이 거리로 몰려나와 일자리를 돌려 달라며 시위를 벌인 거야. 건물이 불타 무너지고, 다쳐서 실려 가는 사람들로 시내는 꼭 전쟁터 같았어.

시위가 이어지는 동안 가우디는 시내 곳곳에 지은 건물들 걱정에 뜬눈으로 밤을 새웠어. 무엇보다 한창 공사가 진행 중이던 '성가족 성당'이 큰 걱정이었지. 노동자들은 돈만 밝히는 성직자들에 대한 분노로 시내 곳곳의 성당에 불을 질렀거든.

일주일 만에 시위가 끝나자 가우디는 부리나케 성가족 성당으로 뛰어갔어. 성가족 성당은 바르셀로나의 어느 사업가가 '힘들게 일하는 노동자와 그의 가족들이 모여 휴식을 취하고 기도할 수 있는 성당을 짓자.'라고 결심하고, 1882년에 모금을 통해 짓기 시작한 곳이야. 가우디는 이 성당의 건축을 맡은 책임자였어.

"후유, 성당이 무사해서 정말 다행입니다."

물끄러미 성당을 쳐다보는 가우디 곁에서 조수가 가슴을 쓸어내리며 말했어.

불에 타 무너진 다른 성당이나 귀족의 집과는 달리 성가족 성당은 조금도 피해를 입지 않았어. 수많은 노동자들이 자신들의 생활 터전인 이곳을 스스로 보호했기 때문이야. 성가족 성당은 바르셀로나 사람들이 모금한 돈으로 짓고, 일하는 사람들도 모금한 돈에서 품삯을 받았기 때문에 이곳을 함부로 망가뜨릴 수 없었던 거지.

'이번엔 성당이 무사했지만, 앞으로 또 어떤 일이 생길지 몰라. 여기는 아이들이 놀이터 삼아 뛰어놀고, 사람들이 집처럼 편히 느끼며 일하는 성당이 되어야 해.'

가우디는 한참을 말없이 서 있다가 뭔가 결심한 듯 주먹을 꽉 쥐었어.

곧 가우디는 성당의 신부와 수도사들을 만나서 자신의 계획을 이야기했어. 그건 바로 성당 건물 한쪽에 학교를 세우는 것이었지.

"시위로 성당 건축도 늦어졌는데, 학교를 짓겠다고요?"

"네, 그렇습니다. 이곳에서 일하는 노동자들이 돈 걱정 하지 않고 아이들을 학교에 보낼 수 있다면 좋지 않겠어요? 아이들이 부모 곁에서 학교를 다니며 마음껏 뛰놀면 안심하고 더 열심히 일할 것이고요."

처음에는 고개를 갸우뚱하던 사람들도 가우디의 이야기를 듣고는 깊이 공감했어.

그뿐이 아니야. 가우디는 성당 입구와 벽면에 새길 조각상들의 모델을 가까이에서 찾았어. 벽돌공, 대장장이, 미장공 등 주변 어디에서나 쉽게 마주칠 수 있는 사람들의 모습을 모델 삼아 성서에 나오는 인물들을 표현했지.

어느새 성당은 사람들의 삶 한가운데로 들어와 있었어.

"공사장 옆 텃밭에서 채소를 길러도 된대."

"난 벌써 기르고 있다네. 아이들 걱정도 없고, 먹을거리 걱정도 없으니 일을 해도 힘든 줄 모르겠어."

가우디는 즐겁게 일하는 사람들을 보며 뿌듯함을 느꼈어.

1918년부터는 가우디의 삶이 온전히 성당에 맞춰졌어. 성당 외에 다른 건축물은 짓지 않았고, 1925년부터는 성당 건축 사무실에서 먹고 자며 생활했어. 그리고 카사 밀라를 완성하고 받은 돈을 모두 성당에 기부했어. 돈이 떨어지면 직접 거리로 나와 모금도 했지.

"신을 믿는 사람들이 가족처럼 함께 힘을 모아 일하고 성당을 지어야 합니다. 작은 뜻을 보태 주십시오."

가우디의 마음이 통했던 걸까? 성당을 찾는 발길이 하나둘 늘었고, 돈을 낼 수 없는 가난한 사람들은 노동으로 마음을 보탰어.

"돈을 낼 형편은 못 되니 저는 돌이라도 나르겠습니다."

"저도 시켜 주십시오. 몸은 불편해도 문지기라면 할 수 있습니다."

노인들은 물을 떠 오거나 촛불을 켜면서 자기가 할 수 있는 일로 도왔어. 저마다 자신의 몫을 다했지. 스스로 찾아오는 사람들을 보며 가우디는 눈시울이 뜨거워졌어.

돈이 떨어지면 공사가 중단되기도 했지만, 성가족 성당은 바르셀로나 시민들과 성당 건축이 완성되길 바라며 찾아오는 사람들의 도움으로 차근차근 모습을 드러내었어.

하지만 가우디는 끝내 성가족 성당을 자신의 손으로 다 짓지 못했어. 1926년 6월, 저녁 산책을 나갔다 전차에 치여 세상을 떠났거든.

숨을 거두기 직전까지 성당 건축을 걱정하며 자신의 전 재산을 성당에 기부한다는 유언을 남기고 가우디는 눈을 감았지. 가우디의 장례식은 아주 성대하게 치러졌어. 동료와 친구는 물론 바르셀로나 시민들까지 가우디의 죽음을 슬퍼하며 마지막 길을 함께했어.

지금 가우디는 성당 지하에 잠들어 있어. 그리고 가우디의 뒤를 이은 건축가들이 성가족 성당을 계속 짓고 있지. 해마다 수많은 관광객들이

가우디 건축물에 담긴 가치를 찾기 위해 이곳을 찾아오고 있단다. 가우디는 고향 카탈루냐의 자연과 그 속에서 어우러져 살아가는 사람들을 사랑했어. "나의 스승은 자연이다."라고 말한 것처럼 가우디에게 있어 건축은 사람이 머물며 살아가는 공간을 자연과 어우러지게 가꾸어 내는 예술이었던 거야.

안토니 가우디 이 코르네트
Antoni Gaudí i Cornet

구엘 공원

1852년 스페인 카탈루냐 지방 타라고나 주에 있는 레우스에서 태어났다.
1873년 바르셀로나 시립 건축 전문 학교에 입학했다.
1878년 건축 학교를 졸업하고 개인 사무실을 열었다.
1881년 마타로 노동자 단지를 설계했다.
1883년 구엘 가문의 건축가로 임명되었다.
1883년 카사 비센스를 짓기 시작하고, 엘 카프리초를 설계했다.
1884년 성가족 성당의 책임 건축가로 임명되었다.
1886년 구엘 저택을 짓기 시작했다.
1888년 성 테레사 수녀원 학교를 짓기 시작하고, 아스토르가 주교관을 건축했다.
1898년 구엘 노동자 단지와 카사 칼베트를 짓기 시작했다.
1900년 구엘 공원 주택 지구를 짓기 시작했다.
1906년 카사 밀라를 짓기 시작했다.
1918년 모든 작업에서 손을 떼고 성가족 성당 건축에만 집중했다.
1926년 산책을 하다가 전차 사고로 세상을 떠났다.

카사 밀라(왼쪽)
성가족 성당(오른쪽)

가우디 아저씨,
어떻게 몇십 년 동안 성가족 성당만 지을 수 있었나요?

성당은 신을 위한 공간이기도 하지만 신에게 기도드리는 사람들을 위한 공간이기도 해. 그런데 내가 살던 시기에는 성당을 웅장하게 짓고, 성서 내용이 담긴 그림과 조각으로 화려하게 장식하는 데 신경을 더 많이 썼단다. 어떻게 지어야 사람들이 성당에서 평온함을 느끼고, 진심을 담아 기도드릴 수 있는지는 고려하지 않았지.

나는 그런 건축을 바꾸고 싶었어. 성당은 신을 위한 공간이지만 결국 그 공간을 이용하는 건 사람이거든. 많은 사람들이 가족과 함께 성당에서 기도를 드릴 거라고 생각하니 성당을 함부로 지을 수가 없었어. 성서도 더 열심히 읽고, 기도도 열심히 하면서 가족들이 모여 기도하는 완벽한 공간을 설계하려고 노력했지.

또한 그즈음의 나는 집주인의 까다로운 요구에 맞춰 집을 짓는 일에 지쳐 있었어. 그래서 다른 건축물은 짓지 않기로 하고, 성당 건축 사무실에서 살면서 남은 생을 성당 건축에 바치기로 했단다. 나는 성당을 장식할 조각을 직접 만들며 인부들과 함께 일했어. 평범한 사람들의 정성과 건축가의 철학이 성당을 짓는 사람과 성당을 이용하는 사람 모두에게 전달되길 바랐던 거야.

성가족 성당 내부
나무를 닮은 기둥과 천장에 스테인드글라스를 통해 들어오는 오색찬란한 빛이 어우러져 마치 신비하고 성스러운 숲속에 있는 듯한 느낌을 준다.

건축이란 무엇일까요?

건축은 집이나 다리 같은 구조물을 사용 목적에 따라 설계하여 만드는 일이에요. 외부 환경으로부터 생명을 보호하기 위한 공간, 사람들이 모여 일도 하고 함께 생활도 할 수 있는 공간을 만드는 작업이지요.

건축은 인간의 삶과 관련이 있어요. 선사 시대에는 막집이나 움집을 지어 생활했어요. 그저 추위나 비바람 정도만 피할 수 있는 집이었지요. 세월이 흐르고 산업이 발달하면서 공장이 생겨났고, 공장 주변에는 공장에서 일하는 사람들을 위한 공동 주택과 음식점, 공장에서 만든 물건을 내다 팔 상점이 생겨났어요. 사람들의 생활 모습이 변하자 건축도 달라진 거예요.

건축은 한 시대의 예술과 문화가 모두 담긴 하나의 작품이기도 해요. 특히 성당이나 궁궐은 그 시대에 가장 유행하는 건축 양식으로 건물을 짓고, 최고의 솜씨로 완성한 그림과 조각으로 내부를 장식했어요. 그래서 옛 건축물을 보면 그 건축물이 지어졌던 시대의 예술과 문화의 특징을 알 수 있지요.

밀라노 대성당
하늘 높이 치솟은 뾰족한 탑이 돋보이는 고딕 양식의 건축물.

베르사유 궁전
선명한 색과 풍부한 장식으로 화려하게 지은 바로크 양식의 건축물.

건축학이 왜 인문학일까요?

우리는 하루의 대부분을 건물 안에서 보내요. 집, 학교, 학원, 병원, 음식점……. 그런데 공간마다 사람이 느끼는 감정이 다르다는 걸 생각해 본 적이 있나요? 내 방 침대에 누웠을 때를 떠올려 보세요. 반대로 처음 간 먼 친척 집에서의 하룻밤처럼 낯선 곳에 있다고 생각해 보세요. 낯선 곳에서는 긴장하게 되고, 친숙한 곳에서는 마음이 편안해지지요. 높은 빌딩이 빽빽하게 들어선 도시 한복판에 있을 때와 꽃과 나무가 가득한 공원에 있을 때 역시 기분이 다르지요? 그래서 건축가는 건물을 설계할 때 건물의 기능과 아름다움뿐 아니라 사람들의 삶과 감정에 대해서도 깊이 생각해야 해요.

신을 중심으로 하는 시대에서 보통 사람이 중심이 되는 시대로 바뀌면서 삶의 가치도, 예술도 변했어요. 건축도 그 영향을 받아 변했지요. 신을 위한 건축에서 사람을 위한 건축에 아름다움을 더하는 것으로 말이에요. 건물은 기능적으로 편리해야 하고 보기에도 아름다워야 하며 그 안에 사는 사람들에게 편안함과 아늑함을 줄 수 있어야 해요. 이것이 바로 건축에 담긴 인문학 정신이자, 가우디가 시도한 새로운 흐름이었어요. 가우디 이후, 건축가들은 자신이 만든 공간이 얼마나 편하게 사용될지, 사람들에게 어떤 기분이 들게 할지 깊이 고민하며 사람을 생각하고 배려하는 건축을 더욱 발전시키고 있답니다.

월트 디즈니 콘서트홀
부드러운 곡선을 사용하여 편안한 기분이 들게 하며, 모든 청중들이 방해를 받지 않고 무대를 보고 즐길 수 있도록 좌석의 높이를 섬세하게 고려하였다.

다채로운 삶을 들여다보는 문학

허균은 홍길동전에 무엇을 담았을까?

시를 좋아하는 소년

날이 맑아 굽은 난간에 오랫동안 앉아 있으면서
겹문까지 닫아걸고 시도 짓지 않았네.

　시를 외는 허균의 또랑또랑한 목소리가 마당까지 퍼져 나왔어. 곧 허난설헌이 자분자분한 목소리로 시를 이었지.

담 구석의 작은 매화가 바람에 다 떨어지니
봄빛이 살구꽃 가지 위로 옮겨 가는구나.

　남매가 시를 외울 때면 마당을 쓸던 먹쇠도, 바삐 저녁 준비를 하던 점

순이도 잠시 일손을 놓고 빙그레 웃었어. 그 목소리가 어찌나 맑고 고운지 지나가던 나그네도 담장 너머에서 귀를 기울였단다.

허균과 허난설헌은 틈만 나면 마주 앉아 시를 주고받았어. 도란도란 이야기를 나누며 시를 공부하노라면 시간 가는 줄도 몰랐지.

"균아, 난 스승님의 시가 정말 훌륭하다고 생각해. 봄에 가장 먼저 피는 매화가 지고, 살구꽃이 피기 시작하는 것을 봄빛이 옮겨 간다고 표현한 게 정말 아름다워."

스승의 시를 읊던 허난설헌이 불쑥 말했어.

"맞아! 스승님의 시가 조선에서 으뜸인 것 같아. 어떻게 하면 스승님처럼 시를 잘 쓸 수 있을까?"

둘은 빼어난 시인으로 이름이 높은 손곡 이달에게 시를 배웠어. 이달은 남매에게 시를 가르치고, 시를 공부하는 자세에 대해서도 조목조목 이야기하곤 했어.

"시를 짓기 위해서는 읽기를 허투루 하면 안 된다. 훌륭한 시를 읽고 또 읽다 보면 지은이의 뜻을 또렷이 이해할 수 있지. 그리고 시를 쓸 때에도 생각하고 또 생각하여 한 글자 한 글자 쓰고 고치기를 반복해야 한단다."

남매는 스승의 말씀을 하나라도 놓칠세라 눈을 초롱초롱하게 뜨고 귀를 쫑긋 세웠어.

그런데 공부를 하면 할수록 허균은 한 가지 궁금증이 깊어져만 갔어.

'스승님은 어찌 벼슬을 안 하실까? 조선에서 가장 뛰어난 시인이신데 말이야.'

어느 날 허균이 조심스럽게 물었어.

"스승님은 왜 관직에 나아가지 않으십니까?"

이달은 대답 대신 뜻 모를 웃음을 지었어. 허균은 스승을 뚫어져라 바라보았지. 잠시 뜸을 들이던 이달이 입을 뗐어.

"흠, 처음부터 생각이 없었던 건 아니란다. 그러나 내 신분이 이렇다 보니 벼슬에 오르는 것도 한계가 있더구나. 벼슬이란 무릇 학문이 깊을수록 높아져야 마땅하거늘 천하게 태어나니 학문도 능력도 아무 쓸모가 없단다."

"단지 신분 때문에 벼슬에 차별을 받다니 말도 안 됩니다."

"그것이 이 나라 조선의 법도란다. 첩의 몸에서 태어났으니 어찌하겠느냐? 하여 벼슬에 연연하지 않고 시를 지으며 자유롭게 사는 지금이 도리어 좋구나."

"벼슬을 하면 스승님의 학문이 더 널리 알려지지 않겠습니까? 분명 제자들도 많아질 텐데 참 속상합니다."

허균은 억울한 듯 입술을 비쭉 내밀었어. 이때만 해도 허균이 글공부를 하는 까닭은 과거를 치르기 위해서였어. 장차 과거에 급제해 이름을 날리고 높은 벼슬을 할 꿈에 부풀어 있었지. 그래서 서얼이라는 이유만으로 벼슬을 포기한 스승이 안타까웠던 거야.

아버지가 양반이어도, 아무리 높은 관직에 있어도 어머니가 평민이거나 노비와 같은 천민이라면 자식이 할 수 있는 일이 많지 않았어. 서얼은 벼슬을 한다 해도 궁궐 입성은 꿈도 못 꾸고, 아주 낮은 자리만 맡을 수 있었지.

"이름을 빛내려거나 높은 자리에 오르기 위해 공부를 한다면 글의 참뜻을 알지 못하느니라. 더구나 시는 이름을 떨치려거나 시험을 잘 보기 위해 달달 외우기만 해서는 안 된다. 그 속에 어떤 이치가 담겨 있는지 여러 번 읽고 또 읽어서 온전하고 올바르게 이해해야 한다."

"그래도 저는 장원 급제하여 높은 벼슬도 하고, 시를 지어 이름도 알리고 싶습니다. 사내라면 꿈을 크게 가져야 하는 것 아니겠습니까?"

"그래, 네 생각도 옳다. 하지만 하나만 기억하여라. 시와 같은 문학은 사람의 마음을 깊이 들여다보고, 그것을 진솔하게 표현해야 감동을 주느니라. 다른 사람들의 삶과 생각을 접할 수 있는 기회를 자주 갖도록 하여라. 사람을 이해하는 것이야말로 좋은 시를 쓰는 데 중요한 자세이니라."

"네, 스승님. 명심하겠습니다."

물론 허균이 스승의 말뜻을 전부 이해한 건 아니야. 하지만 언젠가 그 뜻을 올곧게 깨우치리라 다짐하고 열심히 공부했어. 그리고 시를 더욱 깊이 좋아하게 되었지.

삶의 아픔과 슬픔, 그리고 분노

허균이 누이와 보낸 행복한 어린 시절은 그리 길지 않았어. 허균이 아홉 살 때 허난설헌이 시집을 가게 되었거든. 누이와 헤어지는 건 슬프지만, 시댁이 대대로 높은 벼슬을 한 집안이어서 다행이라고 생각했어. 학문을 중요시하는 집안이라면 누이가 마음껏 시를 짓고 글공부를 할 수 있을 테니까.

하지만 언제부턴가 뭔가 근심이 있는 듯 누이 얼굴이 점점 어두워졌어. 왜 그런지 물어도 별일 아니라는 대답뿐이었지.

그러던 어느 날, 허균은 명나라에서 들어온 서책 몇 권을 들고 누이를 찾아갔어. 책을 받고 기뻐할 누이의 얼굴이 떠올라 벙싯벙싯했지. 그런데 막 대문으로 들어설 때 불호령이 들려왔어.

"집안일은 거들떠보지도 않고 이게 도대체 뭐하는 짓이야? 아녀자가 붓을 잡고 그리 설쳐 대니 남편이 기를 펴지 못하고 밖으로만 나돌지 않느냐!"

시어머니가 누이를 향해 한바탕 호통을 치는 소리였어. 허균은 깜짝 놀라 그 자리에 우뚝 서고 말았지.

시어머니가 자리를 뜬 뒤에도 누이는 고개를 숙이고 한참을 흐느꼈어. 사실 허난설헌은 아주 힘든 시집살이를 하고 있었어. 자유로운 가풍을 지닌 친정과 달리 시댁에서는 여자가 책을 읽는 것도, 시를 짓는 것도 탐탁지 않아 했어. 게다가 고지식한 남편은 자신보다 학문이 뛰어난 부인

을 못마땅하게 생각했지. 과거 공부를 핑계 삼아 바깥으로 돌며 집안은 돌보지 않았어.

"누이, 여태 이렇게 살았습니까?"

허균의 떨리는 목소리에 허난설헌이 깜짝 놀라 고개를 들었어.

"균아……."

"왜 저렇게 역정을 내시는 겁니까? 시를 짓는 게 뭐 어떻다고!"

허균은 금방이라도 울 것 같은 얼굴이었어. 서책을 쥔 손은 부들부들 떨렸지.

"흑흑, 별수 없지 않느냐? 마음껏 시를 읽고, 쓰고 싶지만 그것이 내겐 허락되지 않더구나."

허난설헌은 풀썩 주저앉더니 두 팔에 고개를 파묻고 흐느꼈어. 허균은 누이의 작은 어깨를 토닥였어. 마음이 찢어지는 것 같았지만 애써 울음을 삼켰지.

"시가 쓰고 싶으면 내게 편지를 쓰고, 읽고 싶은 책이 있으면 언제든 기별을 하십시오. 뭐든 구해 줄 테니."

하지만 허난설헌은 스물일곱 나이에 허균 곁을 떠났어. 남매가 아버지처럼 따르던 둘째 형 허봉이 세상을 떠난 지 일 년 만이었어. 날이 갈수록 심해지는 시집살이와 오라버니를 잃은 슬픔을 이기지 못하고 시름시름 앓다가 생을 마친 거야.

어째서 사랑하는 사람들을 잃어야만 할까. 허균은 잇따른 슬픔에 한동안 책도 읽지 못하고 집 안에만 틀어박혀 있었어.

'누이는 하필 조선에서 여자로 태어나 재능을 펼치지 못하고 일찍 세상을 떠났어. 일찍이 스승님은 서얼이기 때문에 벼슬길에 오르지 못했고. 형은 당쟁에 밀려 꿈을 펼칠 수 없었지. 지금 세상은 잘못되었어. 바로잡아야 해.'

신분으로 사람을 차별하고, 벼슬아치들이 편을 갈라 싸우는 나라. 허균의 마음속에는 조선 사회에 대한 분노가 소용돌이쳤어. 그럴 때면 둘째 형의 가르침이 떠올랐어.

"균아, 내가 벼슬을 하며 뜻을 높이 세웠으나 세상살이가 뜻대로 되지 않더구나. 책 속의 가르침과 현실은 사뭇 달랐다. 참다운 공부란 책 속의 가르침을 무조건 받아들이는 것이 아니다. 자신의 생각을 더해 이해하고, 현실에 맞게 판단하는 것이다."

허균은 마음을 다스리며 날마다 깊이 생각하고 또 생각했어.

소외된 이들의 삶을 문학에 담다

허균은 벼슬에 오르면 큰 힘을 가질 수 있고, 그러면 이 부조리한 세상을 조금이라도 바꿀 수 있지 않을까 생각했어. 그래서 밤낮으로 공부에 매달렸고, 보란 듯이 과거에 급제했어. 임금의 명을 기록하는 낮은 자리부터 시작해 높은 자리까지 오르며, 중국에도 다녀오고 사신을 맞이하기도 했지.

벼슬길에 오른 지 5년, 허균은 황해도 지방의 관리들을 살피는 벼슬자리에 올랐어. 허균은 관아에만 있지 않았어. 길을 가다 농부들과 둘러앉아 이야기를 나누었고, 장터 주막에서는 장사꾼들의 대화에 귀를 기울였지. 그게 벼슬아치의 도리라고 생각한 거야.

어느 날인가는 마을을 돌아보는데, 한 아낙이 싸리문 앞에 주저앉아 울고 있었어. 허균은 발길을 멈추고 사연을 물었어. 아낙이 대답을 채 하기도 전에 함께 온 관리가 허균의 귀에 대고 속삭였어.

"나리, 저잣거리의 상인들도 모자라 아낙과 말을 섞으시다니요. 괜한 소문이 날지 모르니 그냥 가시는 게……."

"내 임무가 백성들의 삶을 돌아보는 일이지 않소? 슬퍼하는 아낙도 백성이오."

허균이 관리의 말을 자르고 나직이 꾸짖었어. 그러고는 아낙에게 다시 물었어.

"무슨 사연인지 내가 좀 들을 수 있겠소?"

곧 아낙이 눈물을 훔치고 말을 꺼냈어.

"예, 나리. 저는 남편과 농사를 지어 먹고 사는데, 올해 부역이 잦아 밭이고 논이고 돌보지 못했습니다. 오늘도 부역 가는 남편에게 곡식을 탈탈 털어 주고 나니 어찌 살지 막막해 눈물이 절로 났습니다. 세금 낼 곡식은커녕 당장 다음 끼니 끓일 것도 없습니다."

"참으로 안타깝구려."

허균은 진심으로 마음이 아팠어. 그래서 관리에게 쌀 몇 되라도 마련해 주라고 일렀지. 관아로 돌아온 허균은 시를 한 편 지었어.

쓸쓸한 마을에서 시골 아낙 만나니 슬피 울며
모두들 올해는 부역이 잦다고.
남은 식량 밤에 찧어 주머니에 채워 주고
푸성귀를 뜯어다 아침저녁 끼니로 제공하네.

한 봄이 다 가도록 농사일 다 그만두고
억울함 호소하다 도리어 곤장 맞네.

천 년 뒤에 바른 관리 다시 보기 어려우니
　　동헌에는 백성 돌볼 인물이 없단 말인가.

　허균의 시에는 마음의 상처를 어루만지는 따뜻함이 있었어. 양반들의 호화로운 삶을 읊기보다 서얼이나 백성들의 고단한 삶을 옮겨 적어서 더 그랬을 거야. 물론 관리들의 잘못을 통렬히 비판하는 것도 잊지 않았지.
　그러는 한편, 큰 고을의 목사가 되었을 때는 지방의 양반이나 세력가를 멀리하고 가난한 선비, 서얼 출신 문인이나 화가를 불러 격려해 주었어.
　한양의 친구들에게도 잊지 않고 연락을 했지. 친구들은 한달음에 달려와 시를 짓고, 밤늦도록 두런두런 이야기를 나누었어. 그러다 답답한 현실에 서러워하곤 했어.
　"조선 땅에서 서얼 차별이 사라지는 날은 오겠는가?"
　"아무리 상소를 많이 올린들 무얼 하겠나. 조정에서는 거들떠도 안 보니, 원!"
　허균은 깊은 한숨을 내쉬었어.
　"흠, 그래도 가만히 있을 수는 없지. 길을 찾아보세."
　당시 사회 분위기에서는 서얼 차별을 폐지하고 인재를 고루 뽑자는 주장을 함부로 하지 못했어. 하지만 허균은 스승 이달이나 누이처럼 불행한 삶을 살았던 사람들을 가까이에서 겪었기에 끊임없이 자신의 뜻을 이야기했지.
　주변에서는 허균의 행동을 꾸짖기도 했어.

"자네, 뭐가 아쉬워서 서얼들과 어울리나. 벼슬길에 지장이 있으니 멀리하게. 자네는 글재주도 뛰어나고 가문도 훌륭하니 조금만 점잖게 행동하면 출셋길이 열릴 걸세."

"서얼이 뭐 어떻다고 그러나. 신분이 그렇게 중요한 것인가? 됨됨이가 중요하지. 사람의 됨됨이는 출신이나 높은 벼슬과는 아무 상관이 없네. 나랏일을 하는 사람으로서 정직하고 능력 있는 인재를 가까이하는 게 어찌 흉이 되는지 모르겠네."

허균은 결코 굽히지 않았어. 그러다 보니 자연히 나쁜 소문이 꼬리를 물고 이어졌어.

"글재주가 뛰어난 인물이라더니, 나랏일은 뒷전이더구먼."

"왜 아니겠는가. 한양서 패거리들까지 몰려왔다네. 저러고 녹을 받아먹다니 부끄러운 줄도 모르는 사람일세그려."

결국 허균은 목사 자리에서 물러나고 말았어.

일생의 뜻을 담은 소설 『홍길동전』

허균은 전라도 지방에서 일 년가량 귀양을 살았어. 귀양살이가 끝난 뒤에도 한양으로 올라가지 않고 이곳저곳을 떠돌아다녔어. 내 편, 네 편을 갈라 권력을 서로 차지하려고 싸우고, 자기편에게만 벼슬을 나누어 주려는 조정 관리들이 꼴도 보기 싫었거든. 능력이 있어도 반대 세력이라는 이유로 출셋길을 막아 버리고, 서얼이라는 이유로 밀어내는 여전한 현실이 답답하기만 했지.

이미 허균은 서얼이든 평민이든 재주 있는 사람에게 벼슬을 맡기자고 주장하는 책을 펴냈어. 또 관리의 올바른 자세를 담은 책도 펴냈지. 하지만 너무 어려운 이야기라서 많은 사람들이 이해하지도, 받아들이지도 못했어.

'서얼이라 차별받고, 여자라 학문을 하지 못하는 현실을 바꿔야 한다. 부역에 시달리고 보릿고개에 신음하는 백성들을 돌볼 참된 관리가 절실히 필요하다.'

허균은 자신을 따르는 친구들에게 힘을 실어 주는 글, 조선의 신분 제도와 관리들의 모순을 낱낱이 파헤치는 글을 쓰고 싶었어. 무엇보다 백성들이 그 글을 읽고, 잘못된 세상에 맞서 나가길 바랐어.

"맞아, 현실을 담은 소설을 쓰는 거야. 문학을 통해 마음속 깊이 감동을 받은 사람은 행동이 변화되고, 그러한 변화들이 모이면 세상을 바꿀 수 있어. 이게 바로 글의 힘이야."

그래서 허균은 신분의 벽 때문에 아버지를 아버지라 부르지 못하는 서얼 청년을 소설의 주인공으로 삼았어. 이 청년은 슬퍼하며 주저앉아 있지만은 않았어. 세상을 바꾸려는 큰 뜻을 품고 집을 떠나 백성의 무리를 이끌고 용기 있게 싸웠어. 이 청년이 바로 홍길동이야.

허균은 스승 이달과 친구들이 평생 느낀 슬픔과 괴로움을 홍길동이라는 인물에 담았어. 신분 제도를 박차고 나와 자신의 뜻을 마음껏 펼치는 홍길동을 보며 통쾌함을 느끼길 바란 거야. 이를 백성들도 쉽게 읽어 공감할 수 있도록 한글로 소설을 썼지.

　……. 홍길동은 자신을 따르는 부하들을 모아 활빈당이라 칭했다. 활빈당은 조선 팔도를 누비며 탐관오리들의 재물을 빼앗아 가난한 백성들에게 나누어 주었다.
　"함경 감사가 세상에 둘도 없는 탐관오리라 하니 내 그자를 단단히 혼내 줘야겠다."
　홍길동은 부하들을 이끌고 함경 관아로 향했다. 모두 잠든 밤, 홍길동은 성의 남문에 불을 지르도록 했다. 곧 시뻘건 불길이 타올랐다.
　"불이야, 불!"
　한밤중에 치솟은 불길에 백성들이 놀라 잠에서 깼다. 함경 감사도 버선발로 뛰쳐나와 동동거렸다.
　"불이 더 번지면 안 된다. 어서 불길을 잡아라."
　병사들과 백성들은 남문 쪽으로 달려갔다. 창고를 지키던 병사들마저 불을 끄러 갔다.
　홍길동은 이때를 틈타 활빈당을 이끌고 성안으로 들어갔다. 그러고는 곳간과 무기고를 탈탈 털어 북문으로 달아났다. 병사들은 그것도 모르고 남문에서 여전히 불길을 잡느라 정신이 없었다. 불길이 사그라졌을 때는 이미 곳간과 무기고가 텅텅 빈 상태였다.
　다음 날, 북문에는 방이 하나 붙었다.
　"활빈당 당수 홍길동이 부패한 함경 감사를 벌하고자 재물을 찾아 백성

들에게 돌려주었다."

함경 감사는 분해서 부들부들 떨었다.

"감히 관아를 털어 달아나다니, 홍길동 이자를 가만두지 않으리라!"

하지만 병사를 풀어 고을이며 산속을 샅샅이 뒤져도 홍길동의 그림자도 찾을 수 없었다. 왜 안 그렇겠는가. 둔갑술이며 축지법에 능한 홍길동은 팔도 곳곳에서 나타났다 사라지고, 잡힐 만하면 도망가며 나라를 들었다 놨다 했던 것이다. ……

허균의 손끝에서 홍길동은 생생하게 살아 움직였어.

소설이 점점 절정으로 향해 갈 무렵, 한양에서 친구가 내려왔어. 허균은 친구에게 지금껏 쓴 소설을 보여 주었어. 친구는 허균이 내민 책을 한 장 한 장 넘기며 얼굴을 찡그렸다 폈다 했어. 낮게 한숨을 내쉬기도 했지.

"정말 훌륭하군, 훌륭해. 하지만 이런 소설을 쓰고 자네가 무사할지 모르겠네."

친구 목소리에 걱정이 가득했어.

"두려웠다면 처음부터 시작하지 않았을 거네. 문학으로 약자의 삶을 이해하고, 사회의 잘못을 고발하고 싶었네. 글을 읽고 마음이 움직인 백성들이 힘을 모으면 벼슬아치들이 나라를 바로 다스릴 거라네. 누가 알겠는가? 세상이 바뀔지."

허균은 친구가 돌아간 뒤 더욱 힘을 내었어. 밤늦도록 호롱불을 켜 놓고 홍길동에게 자신이 꿈꾸던 일들을 실현시켰지.

작은 암자에 들어앉은 지 몇 달, 허균은 드디어 마지막 문장을 끝냈어. 신분 제도의 모순과 조선을 지배한 유교 사상의 맹점을 깨부수는 영웅 홍길동이 세상 밖으로 나온 거야.

허균은 세상을 바꾸는 일에 앞장서는 홍길동 같은 인물이 꼭 필요하다고 생각했어. 『홍길동전』은 허균의 이러한 사상이 잘 녹아 있는 소설이고, 이는 당시 사대부가 가진 문학관과는 상당히 다른 문학관이었지.

동에 번쩍 서에 번쩍 하던 홍길동은 임금에게 높은 벼슬도 받지만, 결국 조선 땅을 떠나. 그리고 능력 있는 자가 당당히 대접받고 임금이 백성을 지극히 위하는 나라, 율도국을 세워. 허균은 이 결말을 통해 서얼 제도의 문제점뿐 아니라 변화를 두려워하는 조선 사회를 비꼬았어.

『홍길동전』은 소문에 소문을 달고 퍼져 나갔어. 벼슬아치와 사대부 양반들의 심기는 불편하기 이를 데 없었어. 하지만 서얼들은 물론이고 일반 백성들까지 홍길동의 활약을 읽으며 즐거워했지.

"이보게, 그 책 『홍길동전』 읽어 봤나? 거 아주 통쾌하더구먼."

"봤고말고. 홍길동이 탐관오리를 혼내 주는 걸 보니 속이 뻥 뚫리더라니까."

"그렇지. 나는 글쎄 율도국 백성이 되고 싶었다네."

허균의 생각이 맞았어. 『홍길동전』은 점점 백성들 사이에 깊이 스며들었어. 백성들은 언젠가 정말로 평등한 세상이 오리라 믿었어.

시간이 흐르면서 조선 사회를 지배하고 있던 신분 차별의 벽이 서서히 허물어져 갔지. 그래서 허균을 시대를 앞서간 진정한 문학인이라고 하는 거야.

허균 許筠

1960년대에 발행된 『홍길동전』.

1569년 강릉에서 허엽의 3남 3녀 중 막내아들로 태어났다.
1585년 17세에 초시에 급제하였다.
1589년 21세에 생원시에 급제하였다.
        누이 난설헌이 27세의 나이로 세상을 떠났다.
1592년 임진왜란 중에 부인과 아들이 사망했다.
        가족을 잃은 허균은 이후 집필에 몰두했다.
1593년 시 평론집인 『학산초담』을 지었다.
1594년 문과에 급제하여 승문관 사관으로 일했다.
1598년 황해도 도사(都事)로 부임하였다.
1599년 병조 좌랑을 거쳐 그해 5월 다시 황해도 도사로 나갔다.
1600년 예조 정랑으로 복직했으나 관직에 오르고 물러나는 일이 반복되었다.
1606년 명나라 사신 주지번을 접대하며 사서육경과 고전을 막힘없이 주고받아
        이름을 떨쳤다. 주지번에게 난설헌의 시선집을 주어 중국에서
        『난설헌집』이 출간되었다.
1607년 공주 목사로 부임했다. 서얼 친구들을 불러서 도와주고 그들과 시를
        주고받았다.
1612년 우리나라 최초의 한글 소설인 『홍길동전』을 썼다.
1618년 역모를 계획했다는 모함을 받고 능지처참을 당해 생을 마감했다.

허균 아저씨,
그 당시 양반들은 한자를 썼는데 왜 『홍길동전』을 한글로 쓰셨나요?

　당시는 임진왜란을 겪은 뒤라서 백성들의 살림과 나라의 살림이 많이 어려웠어. 탐관오리들은 백성들이 낸 세금을 빼돌리기 바빴고, 나라 곳곳이 부정부패로 몸살을 앓았지. 이런 현실을 어떻게 뒤집을 수 있을까? 나는 그걸 고민하다 답을 찾았어. 연산군 무렵에 홍길동이란 도적이 있었고, 명종 때 임꺽정이라는 도적이 있었는데, 이런 사실에 내가 늘 안타까워하던 서얼 문제를 결합해서 소설을 쓰기로 한 거지.

　사람들이 내 작품을 읽고 더 나은 세상을 꿈꾸며, 생각을 바꾸고, 그 생각을 행동으로 옮길 때 세상은 바뀔 수 있다고 믿었어. 그런데 아무리 소설 속에 그런 내용을 담았다 한들, 백성들이 책을 읽지 못한다면 아무 의미가 없을 거야. 『홍길동전』을 한자로 썼다고 생각해 봐. 일반 백성들은 책장을 한 장도 넘기지 못했을 거야. 실제로 『홍길동전』 이전의 소설들은 한문으로 되어 있어서 백성들이 읽기 어려웠어. 일반 백성들은 소설을 읽는 즐거움을 전혀 누리지 못했지. 『홍길동전』은 한글로 쓴 책이라 백성들이 쉽게 읽을 수 있었고, 읽은 사람들이 소문을 내면서 백성들 사이에 널리 퍼질 수 있었단다.

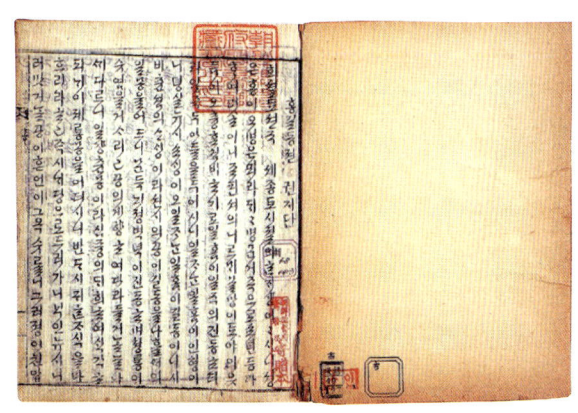

『홍길동전』
조선 초 실존 인물인 도적 홍길동을 주인공으로 하여 작가 허균이 꿈꾸는 세상을 그려 냈다. 우리나라 최초의 한글 소설이다.

문학이란 무엇일까요?

문학은 작가가 자신의 생각이나 감정을 말이나 글로 표현한 것이에요. 문학 작품에는 시, 소설, 희곡, 수필 등이 있어요. 어린이들이 읽는 동화와 동시도 문학 작품에 포함돼요. 좋은 문학 작품은 사람들에게 즐거움과 감동을 줘요. 또 직접 경험해 보지 않은 세상을 경험하는 재미와 삶을 살아가는 데 필요한 교훈을 주기도 해요. 아마 동화 속 주인공의 모험을 따라가며 주인공이 된 듯한 즐거움을 느껴 본 적이 있다면 이해하기 쉬울 거예요.

문학 작품은 사람의 마음을 움직이고 변화시킬 수 있기 때문에 커다란 힘을 지닌다고 볼 수 있어요. 감동을 주는 작품은 가슴에 오래 남아서 사람의 성장 과정이나 중요한 것을 선택해야 하는 순간에 영향을 끼치거든요.

그래서 작가는 독자가 공감할 수 있는 내용을 작품 속에 담기 위해 노력해요. 신나는 모험 이야기이든, 눈물 나게 가슴 아픈 이야기이든, 깔깔 웃음이 나는 이야기이든 모두 작가가 독자와 함께 나누고 싶은 주제가 담겨 있어요.

우리 주변의 다양한 문학 작품.

문학이 왜 인문학일까요?

 우리가 문학 작품을 읽는 중요한 까닭이 또 있어요. 문학 작품에는 그 시대를 살았던 사람들이 중요하게 여겼던 가치나 공통된 관심사가 담겨 있는 경우가 많아요. 허균이 신분 제도의 부당함이나 서얼의 아픔을 작품 속에 담았듯이 작가는 자신이 겪고 느낀 시대의 모습을 작품 속에 담는 거지요.
 그래서 우리는 문학 작품을 통해 옛날 사람들이나 다른 나라 사람들의 생각과 삶을 만나고 이해할 수 있어요.
 독자는 작가가 만든 작품 속 인물의 꿈과 희망, 아픔과 좌절을 함께 느끼며 다양한 삶의 모습과 가치를 이해할 수 있어요. 주인공의 생각과 행동에 공감하며 작품을 읽다 보면 '왜 그랬을까?', '나라면 어땠을까?'라는 질문을 하게 되고, 스스로 그 질문에 답을 하며 작가가 던진 주제를 깊이 생각하게 돼요.
 그런데 그 질문과 대답은 사람마다 다를 수 있어요. 사람마다 생각이 다르고, 살아온 환경이 다르고, 경험한 것이 다르기 때문이지요. 서로의 다름을 발견하고 인정하는 것. 이것이 바로 인문학의 시작이고, 나를 이해하고 다른 사람을 이해하는 방법이라고 할 수 있어요. 문학 작품을 통해 나를 둘러싼 세계와 나와 함께 사는 사람들을 섬세하게 이해하는 경험은 나를 변화시키고 세상을 좀 더 살 만한 곳으로 변화시키는 힘이 될 거예요.

문학 작품을 읽으며 재미와 감동을 얻고, 다양한 생각과 삶을 이해할 수 있다.

삶의 흔적을 확인하는 고고학

손보기는 왜 고고학을 연구했을까?

몰래 배워야 했던 우리 역사

　손보기는 오르막길 앞에 멈춰 섰어. 손바닥엔 땀이 차고, 심장은 쿵쿵 뛰었지. 휘문중학교에 가기 위해서는 언덕을 올라 종로경찰서를 지나야 했어. 붉은 등이 걸린 경찰서 앞에서는 일본 순사들이 등교하는 학생들을 지켜보고 있었지.

　손보기는 한참을 머뭇거리다 발걸음을 떼었어. 날마다 오가는 등하굣길이지만 늘 같은 장소에서 발길이 멈추곤 했어. 그건 열 살 때 겪은 일 때문이었지.

　4년 전 어느 날이었어. 손보기는 평소와 다름없이 수업을 마치고 집으로 가고 있었어. 막 경찰서 앞을 지나는데, 일본 순사가 문을 벌컥 열고 나왔어. 그러더니 손에 든 망치로 느닷없이 손보기의 이마를 내리쳤지

뭐야. 미처 피할 틈도 없었어.

"악!"

이마를 꽉 누른 손가락 사이로 피가 줄줄 흘렀어. 손보기가 억울한 듯 쳐다보자 순사가 대수롭지 않다는 듯 말했어.

"조선 사람도 붉은 피를 흘리는군."

일본 순사의 말에 손보기는 어안이 벙벙했어. 조선 사람은 사람으로도 여기지 않는 것 같아서 기가 막혔지.

손보기는 넉넉한 집안에서 어려움 없는 어린 시절을 보냈어. 하지만 그 일을 겪은 뒤로 이제껏 무심히 지나쳤던 조선 사람들의 생활을 눈여겨보게 되었어. 나라의 현실이 어떠한지 깊이 생각하게 된 거야. 그제야 조선 사람은 일본 사람에게 억울한 일을 당해도 변변히 항의도 못 하고, 일본의 탄압 속에 숨죽여 살고 있다는 걸 알게 되었지. 그건 식민지 백성이기에 받는 설움이었어.

중학교에 간 뒤에는 더욱 그 현실이 크게 다가왔지. 학생들은 학교에서 일본 왕에게 충성을 맹세하고, 일본어와 일본 역사를 배웠어. 일본은 몇 시간뿐인 조선어 수업도 없애고, 조선에 관해 그 무엇도 배울 수 없게

했어. 우리나라 사람들의 생활 방식뿐 아니라 생각까지 모조리 일본식으로 바꾸려는 꿍꿍이속이었지.

겉으로 드러나지 않는 속마음과 정신을 어떻게 바꾸려고 했을까? 바로 우리 민족의 고유한 말과 역사를 싹 지우는 것이었어. 일본은 우리나라의 진짜 역사 대신 자기들 마음대로 바꾼 가짜 역사를 가르쳤어. 일본이 조선보다 더 위대한 역사를 가졌다고 왜곡한 역사 말이야.

그나마 다행인 건 휘문중학교 선생님들이 몰래 우리말과 글을 알려 주고, 고조선부터 삼국 시대를 거쳐 고려, 조선에 이르는 우리나라의 역사를 가르쳤다는 거야. 일본보다 먼저 왕이 다스리는 나라를 세웠고, 삼국 시대에 백제는 일본에 한자며 도자기 기술 등을 전파했다는 사실도 말해 주었지.

덕분에 손보기는 우리 민족에 대한 자부심을 잃지 않고, 앞으로 자신이 어떤 길을 가야 할지 진지하게 고민할 수 있었어. 그것은 다름 아닌 우리 역사를 바로 배우고 알리는 일이었지.

역사 공부에 뜻을 세우다

손보기는 연희전문학교 문과에 입학한 뒤 역사에 더욱 관심을 기울였어. 그래서 동양사 선생님과 이야기를 자주 나누었어.

"자네는 고구려가 한반도뿐 아니라 만주 벌판까지 호령했다는 걸 알고 있나? 우리는 한때 중국 땅까지 다스릴 만큼 강한 민족이었어."

"네! 통일 신라, 고려, 조선을 거치며 우리 민족이 하나라는 끈끈함을 갖게 되었고 문화도 더욱 발전했지요. 그런데 조선 시대가 되면서 당쟁만 일삼아 결국 나라의 힘이 약해지지 않았습니까?"

"조선의 정치인들이 백성들을 위한 현실적인 제도를 고민하기보다 서로 편을 나누어 세력을 갖기 위해 대립한 것은 사실이네. 하지만 바로 그것이 일본이 왜곡한 역사이기도 하지."

"선생님, 어떤 면에서 왜곡되었다는 거죠?"

손보기는 처음 듣는 이야기에 궁금증이 솟아났어. 선생님은 찬찬히 설명해 주었지.

"조선의 정치인들이 모두 한 가지 의견만 갖고 있었다고 생각해 보게. 또는 왕의 의견을 무조건 따르는 사람들이었다고 생각해 보게. 잘못된 제도를 바꾸려고 하거나 왕의 결정에 의문을 제기하는 사람은 아무도 없었겠지. 한 가지 의견만 존재하는 그런 사회에 무슨 발전이 있었겠나? 오히려 조선의 역사를 들여다보면, 당파를 형성하여 자유롭게 의견을 나누며 발전한 측면도 있다네."

손보기는 분하다는 듯 말했어.

"학교에서는 그런 내용을 가르쳐 주지 않았어요. 선생님, 일본이 왜 우리에게 거짓된 역사를 가르치는 걸까요?"

"일본은 사방이 바다로 둘러싸인 섬나라이다 보니 문화나 정치의 발전이 중국이나 우리나라보다 더뎠네. 그런데 조선을 지배하려니 그걸 거짓으로 뒤엎지 않으면 조선이 일본의 식민지가 되어야 발전한다는 주장을 펴기 어려워서 그러는 것이지."

선생님의 설명에 손보기는 어린 시절의 그날처럼, 망치로 머리를 쿵 얻어맞은 기분이었어.

맞아. 일제 강점기 시절, 일본은 침략을 정당화하고 우리나라를 마음대로 통치하기 위해 역사를 자기들 입맛대로 고쳤어. 고대에는 일본이 한반도를 지배했고, 조선은 당쟁만 일삼아서 나라의 힘이 약해졌다고 했어. 그래서 스스로 성장할 수 없는 무능한 조선을 일본이 발전시켜야 한다고 했지.

이러한 생각을 '식민 사관' 또는 '식민주의 역사학'이라고 해.

일본 학자들과 일부 조선 학자들은 식민 사관을 바탕으로 『조선사』라는 책을 펴냈어. 말로는 조선의 역사를 체계적으로 정리하고 교육하기 위해서라고 그럴듯하게 포장했어. 그렇지만 한반도의 고대 역사를 없애고, 우리의 민족정신을 죽이기 위한 검은 속셈이 있었지.

"조선인은 미개해서 늘 다른 나라의 지배를 받으며 문화를 받아들였다. 쇠락한 조선은 일본의 통치를 받아 근대화를 이루어야 한다."

이런 주장을 들으며 손보기는 가슴에서 울분이 치밀었어. 일본이 말하는 근대화란 조선을 일본의 제도와 관습을 따르는 나라로 바꾸는 거야. 결코 조선이 더 발전된 나라가 되기를 바라는 게 아니었지.

'일본의 거짓 주장에 속지 않으려면 가장 먼저 우리 역사의 뿌리를 제대로 찾아야 해. 고대 역사부터 바로 알아 나가겠어.'

손보기는 마음속으로 수없이 다짐했어. 그러나 쉽지는 않았지. 해방 후에도 우리나라 역사학자들의 생각은 아직 일본의 그늘을 벗어나지 못하고 있었거든. 일본에서 공부를 하고 돌아온 일부 역사학자들이 여전히 식민 사관에 근거하여 역사책을 쓰고, 학생들을 가르치고 있었으니까.

손보기는 본격적으로 역사를 공부해서 식민 사관을 없애는 데 힘쓰고 싶었어. 그건 일본의 눈을 피해 학생들에게 올바른 우리 역사를 가르쳐 준 선생님들의 뜻을 따르는 길이기도 했어. 결국 손보기는 서울대학교 국사학과에 입학하여 우리나라 역사를 더 깊이 공부하기로 했지. 물론 의아하게 생각하는 사람도 있었어.

"역사를 연구하려는 자네의 뜻은 알겠네만, 굳이 학교를 다시 갈 필요까지 있나?"

"선생님들 덕분에 내가 역사를 바로 알게 되었듯, 나도 학생들에게 우리 겨레의 오랜 역사와 고유함을 바로 가르치고 싶네. 그러기 위해선 나부터 제대로 역사를 공부해야 하지 않겠나? 국사학과에 들어가 역사를 전문적으로 공부하고 싶네."

학교를 마치고 미국에 유학을 가서도 그 뜻은 변하지 않았어. 손보기는 고려의 우수한 금속 활자 기술, 장보고의 바닷길 개척, 조선 시대의 정치 등을 연구하고 세계로 알렸지. 하지만 이런 노력에도 불구하고 뼛속까지 식민 사관이 자리한 역사학자들의 생각을 바로잡는 일은 참으로 어렵고 힘들었어.

운명처럼 고고학을 만나다

1964년 봄, 미국에서 온 고고학자 모어 부부가 충남 공주의 금강 유역을 답사하고 있었어. 모어 부부는 우리나라의 선사 시대 유적을 연구하고 있었는데, 사냥과 채집에 유리하고 강물이 잔잔한 이곳에 분명 오래전부터 사람이 살았을 거라고 생각했어.

아니나 다를까. 모어 부부는 산골짜기 아래의 작은 마을, 석장리 강가 흙더미에서 심상치 않은 돌 조각을 발견했어. 그리고 곧바로 손보기에게 연락했지. 모어 부부와 손보기는 같은 대학교에서 일하고 있었거든.

손보기는 그길로 공주로 내려갔어.

'이것이 전기 구석기 시대의 뗀석기라면, 그동안 한반도에 일본보다 앞

선 유물이 없다고 한 일본의 주장을 뒤집을 수 있어.'

구석기 시대 사람들은 돌을 쪼개어서 사냥과 채집을 하는 도구로 사용했어. 이를 뗀석기라고 해. 손보기는 그때 처음으로 우리나라에서 구석기 시대 사람들이 쓰던 뗀석기를 본 거야.

구석기 시대는 크게 전기 구석기 시대, 중기 구석기 시대, 후기 구석기 시대로 구분해. 일본은 한반도에는 구석기 시대가 존재하지 않는다고 주장했어. 왜냐하면 일본에 존재하는 구석기 시대 흔적은 후기 것만 밝혀진 상태였거든. 자기들 역사가 우리 역사보다 앞선다고 우기고 싶었던 거지.

일제 강점기에는 한술 더 떠서 조선이 중국의 식민지였다는 증거를 찾는다며 평양과 황해도 일대를 발굴했어. 또 일본이 한반도를 지배했다는 흔적을 찾는다며 나주며 경주의 고분도 제멋대로 파헤쳤어. 그 당시 우리나라에는 유적을 발굴한 경험이 있거나 고고학을 공부한 학자가 없었기 때문에 말리기는커녕 반박조차 하지 못했어.

도대체 고고학이 뭐기에 그랬을까?

우리는 선조들이 남긴 기록을 통해 옛날에 어떤 인물이 살았고 어떤 일이 있었는지 알 수 있어. 하지만 선사 시대에는 문자가 없었기 때문에 기록을 통해 선사 시대를 알 수는 없어. 대신 옛사람들이 남긴 도구나 건축물 같은 것, 즉 유물과 유적을 연구해서 그 시대를 파악하지. 이렇게 유물과 유적을 통해 옛 인류의 생활과 문화, 역사 등을 연구하는 학문을 고고학이라고 해.

우리 민족의 뿌리를 밝히고 역사 시대와 선사 시대를 잇기 위해 석장리 유물 발굴은 아주 중요한 일이었어.

"석장리에서 구석기 유물을 발굴하면 우리 역사를 바로잡을 수 있어요. 꼭 해야 할 일입니다."

손보기는 석기를 꼭 쥐며 다짐했어.

일주일 뒤, 손보기는 모어 부부와 함께 다시 석장리로 내려갔어. 그해에는 큰비로 강둑이 무너져 내리는 바람에 지층의 단면이 드러나 있었어. 지층 속에는 크기가 다양한 돌덩이들이 박혀 있었지.

흙덩이를 헤치고 손보기가 석기를 하나 집었어. 심장이 쿵쾅거렸어. 하지만 그냥 쪼개진 돌일 수도 있으니 침착하게 살펴보았지.

잠시 후 손보기는 떨리는 목소리로 말했어.

"큰 것은 몸돌, 작은 것은 몸돌에서 떼어 낸 격지 같군요."

"맞아요. 돌을 때리면서 생긴 무늬와 흔적까지 완벽한 뗀석기예요."

모어 부부도 확신에 찬 목소리로 말했지.

손보기는 석장리 유적지의 기초 조사를 마치고 문화재위원회

에 발굴 신청서를 제출했어. 발굴에 참여할 사람들도 모았지. 곧 우리나라 최초의 구석기 유적지를 발굴할 생각에 마음이 설레었어. 그런데 믿을 수 없는 통보가 왔어.

석장리 발굴을 불허합니다.
– 문화재위원회 –

"교수님, 왜 발굴할 수 없다는 거죠?"
"우리나라에 구석기가 있다는 걸 못 믿는 거 아닐까요?"
제자들의 질문에 손보기는 뭔가 생각에 잠긴 듯 입을 다물고 있었지. 뗀석기라는 명백한 증거가 나왔는데 발굴을 할 수 없다니, 어처구니가 없었어.
손보기는 동료 고고학자들과 문화재 전문가들을 설득해서 두 번째 신청서를 제출했지만 역시나 거절당했어. 하지만 그럴수록 구석기 유물을 꼭 발굴해 내야겠다는 책임감과 사명감은 커져만 갔어.
일본에게서 독립한 지 수십 년이 지났지만, 역사는 독립을 이루지 못했어. 이때까지도 우리나라에는 구석기 문화가 없다고 굳게 믿고들 있었던 거야.
'이제라도 아이들에게 올바른 역사를 가르쳐야 해. 반드시 발굴하고야 말겠어.'
손보기는 석장리 유적을 발굴하여 우리 민족이 언제 한반도에 자리 잡

앉고, 어떻게 발전했는지 널리 알리고 가르쳐야겠다고 굳게 결심했어. 그래서 주위 사람들의 도움을 받아 다시 한 번 신청서를 작성했고, 오랜 기다림 끝에 발굴 허가를 받았어.

역사를 바꾼 석장리 구석기 유물

1964년 11월 11일, 드디어 한국의 구석기 문화를 품은 공주 석장리 유적이 모습을 드러내었어.

석장리 유적 발굴 현장에는 뿌연 먼지가 가득했어. 사람들은 바둑판 모양으로 그려 놓은 땅을 곡괭이로 파고, 지게에 흙을 지고 나르느라 구슬땀을 흘렸어.

한쪽에서는 흙덩이에서 석기를 꺼내고, 그 자리를 기록하고, 표면에 묻은 흙을 붓으로 살살 떨어냈지. 작은 조각 하나라도 잃어버릴세라 사람들의 손길은 조심스러웠어.

손보기 역시 누구보다 부지런히 발굴 현장을 누볐어. 틈틈이 사진을 찍어 인화하고, 날마다 일지를 써서 유적 발굴 과정을 꼼꼼하게 기록했어. 낮에는 발굴 현장을 뛰어다니고, 밤에는 외국 책을 보며 발굴한 유물을 하나하나 찾아보았어. 누구도 대신 해 줄 수 없고 가르쳐 줄 수 없는 일이었어. 스스로 방법을 찾아가며 공부하는 고된 나날이 이어졌지.

어느 늦은 밤, 일을 마치고 한숨 돌리고 있는데 제자가 물었어.

"선생님, 이미 역사학자로 이름이 알려지셨는데 왜 고고학자의 길을 선택하셨나요?"

손보기는 빙그레 웃더니 어릴 때의 꿈을 이야기했어.

"나는 일제 강점기에 학교를 다니면서 우리의 말과 글을 쓰지 못하고, 왜곡된 역사를 배웠어. 하지만 우리 민족의 역사를 제대로 배우면서 자긍심을 가질 수 있었고, 다른 나라와 비교해 우리나라가 열등하다거나 우월하다는 그릇된 생각을 버릴 수 있었어. 그래서 일본이 주장한 식민 사관의 잘못을 밝히는 걸 내 인생의 목표로 삼았지."

"그걸 고고학으로 이루어 낼 수 있을까요?"

"물론이지. 식민 사관을 뒤집는 첫걸음이 바로 구석기 시대 유적을 발굴하는 거야. 기록이 남아 있지 않은 선사 시대의 역사를

제대로 연구하려면 고고학이 꼭 필요하지 않나. 이곳 석장리 발굴은 그만큼 큰 의미가 있어."

역사학자인 손보기는 고고학을 전문적으로 공부하지는 않았어. 하지만 식민 사관을 뒤집어엎을 수 있는 이 일에 운명을 걸어야겠다고 생각했어. 그건 역사를 배우고자 했을 때의 마음가짐과 통하는 것이었어.

고생 끝에 1차 발굴이 끝났어. 발굴에 참여한 사람들은 서로 얼싸안고 기쁨을 나누었어. 감격에 겨워 몰래 눈물을 훔치는 사람도 있었지. 우리나라의 구석기 시대를 증명했다는 뿌듯함에 손보기 역시 쉽게 현장을 떠나지 못했어.

신문과 방송에서 너도나도 앞다퉈 구석기 유물 발굴 소식을 전했어.

공주 석장리에서 구석기 유물 다량 발굴.
우리나라에도 전기 구석기 시대 존재 증명.

하지만 여전히 우리나라에 구석기 시대가 있었다는 사실을 믿지 못하는 학자들이 많았어. 눈에 보이는 유물들이 증거로 출토되었음에도 생각을 쉽게 바꾸지 못하다니 답답할 따름이었어. 하기야 정부마저 발굴을 반대할 정도였으니 두말할 필요도 없었어.

더욱이 학생들이 우리 역사를 제대로 공부하려면 구석기 시대를 교과서에 수록해야 하는데, 그 길이 참 멀기만 했어. 손보기와 발굴단은 실망이 이만저만이 아니었어.

"이제 시작일 뿐입니다. 앞으로 더 의미 있는 일이 될 테니, 힘냅시다."
손보기는 마음을 다잡고 발굴단을 다독였어.

이후 십여 년 동안 발굴이 계속되었어. 일 년에 한 차례씩 발굴하는 동안 전기, 중기, 후기 구석기 유물들이 쏟아져 나왔지. 석기뿐 아니라 집 터며 사람의 흔적, 동물과 식물의 흔적도 빠짐없이 찾아내어 구석기 시대 사람들의 삶이 조금씩 밝혀졌어. 손보기는 어느새 우리나라에서 구석기 고고학을 맨 처음으로 연구한 1세대 고고학자로 이름을 알렸지.

지치지 않는 열정, 꺼지지 않는 불꽃

'타제 석기, 마제 석기라니. 휴, 이름이 죄다 일본식이야. 어려워서 누가 알겠어?'

유물을 정리하던 손보기는 한숨을 내쉬었어. 우리나라 학자들이 일본에서 공부하고, 일본 책을 주로 참고했기에 유물 발굴 현장에서는 일본식 이름이 많이 쓰였어. 그렇지 않아도 고고학이 낯설고 어려운 학문인데, 생소한 일본식 이름을 쓰다 보니 현장에서 일하는 사람들이나 일반인들은 알아듣기가 어려웠지.

'이것마저 바로잡아야 역사를 온전히 세울 수 있어.'

손보기는 유물 이름을 우리말로 바꾸는 일에 돌입했어. 타제 석기는 '돌을 떼어 만든 석기'라는 뜻이므로 뗀석기로, 마제 석기는 '돌을 갈아 만든 석기'라는 뜻이므로 간석기로 이름 지었어. 또한 찍개, 찌르개, 자르개, 새기개, 긁개, 밀개 등과 같이 석기의 쓰임새에 따라 순우리말로 이름을 지었어.

이름 정리뿐 아니라 석기나 화석의 모습을 부호로 정리하는 일도 했지.

그 뒤로 발굴 현장의 인부도 석기를 분류할 수 있을 정도로 유물을 쉽게 이해할 수 있었어.

1974년, 드디어 중·고등학교 국사 교과서에 '한반도에도 구석기 시대가 있었다'는 내용이 수록되었어. 주먹 도끼, 찌르개, 새기개 등 석장리에서 발굴한 구석기 시대 유물이 당당히 소개되었지. 우리 역사를 바로 세운 기념비적인 순간이었어.

"학생들이 올바른 역사를 배우게 되었어요. 오늘을 평생 잊을 수 없을 거예요."

손보기는 그동안의 시간이 떠올라 눈시울이 붉어졌어.

그 뒤로도 손보기는 석장리에서 구석기 시대 집터 두 곳을 추가로 발굴했어. 또한 제천 점말 동굴, 단양 금굴 등 구석기 유적을 발굴하고 연구하는 데 온 힘을 다했어.

고고학자로서 꼭 해야 할 일이라며 석장리에 구석기 박물관을 여는 일에도 정성을 기울였지. 손보기는 평생 모은 연구 자료와 유물을 기증하고 날마다 박물관을 짓는 현장을 살펴봤어.

"어린이들이 박물관에 와서 보고 듣고 느끼며 역사를 가까이해야 합니다. 어린이들에게 역사를 제대로 알려 주기 위해 어른들도 역사를 바로 알아야 하고요."

손보기는 우리나라 역사의 시작을 제대로 아는 사람이 많아지길 바랐어. 우리 역사를 바로 알아야 중국이나 일본의 역사 왜곡에 맞설 수 있고, 식민 사관 같은 거짓 주장에 휩쓸리는 일도 없을 테니까.

공주 석장리박물관 옆에는 손보기의 연구와 학문적 성과를 온전히 담은 '파른 손보기 기념관'이 있어. 파른은 손보기의 호인데, '늘 푸르다'라는 뜻이야. 후손에게 올바른 역사와 가치관을 전달하기 위해 노력한 손보기의 뜻은 지금도 푸르게 빛나고 있어.

손보기 孫寶基

석장리 구석기 유적지에서 발굴한 몸돌.

1922년　서울 서대문구에서 태어났다.
1943년　연희전문학교 문과를 졸업했다.
1946년　경성대학(서울대학교) 법문학부 국사학과에 편입, 이듬해 졸업했다.
1949년　서울대학교 대학원에서 국사학 석사 학위를 받고, 1952년까지 서울대학교에서
　　　　학생들을 가르쳤다.
1954년　미국 캘리포니아대학교 버클리 대학원 역사학과에서 공부하고, 1963년에 박사
　　　　학위를 받았다.
1963년~1987년　연세대학교 문과대학 사학과에서 학생들을 가르쳤다.
1964년　공주 석장리에서 발굴을 시작했다. 이후 1992년까지 12차에 걸쳐
　　　　구석기 유적을 발굴하고 조사를 진행했다.
1973년~1980년　제천 점말 동굴 유적을 발굴했다.
1983년~1985년　단양 금굴 유적을 발굴했다.
2006년　공주 석장리박물관을 열었다. 평생 모은 연구 자료와 유물을 기증했다.
2010년　세상을 떠났다.

석장리박물관

손보기 아저씨, 어린이들이 구석기 시대를 알아야 하는 까닭은 무엇인가요?

　일제 강점기에 일본은, 한반도에는 구석기 시대가 존재하지 않았다는 주장을 폈어. 1932년 북한에서 구석기 유적이 발굴되었지만, "일본에도 없는 구석기 유적이 한반도에 있을 리 없다."라고 하며 무시하기도 했지.

　나는 역사를 공부하면서 일본이 왜곡한 우리나라 역사를 바로잡겠다는 목표를 세웠는데, 그 증거를 찾기가 힘들었어. 그러다 석장리 구석기 유적지를 발굴하게 되면서 우리나라의 구석기 역사를 바로잡을 수 있다는 희망이 생겼어. 구석기 시대 유적과 유물을 발굴하는 일은 한반도에 사람이 언제부터 살았고, 어떻게 살았는지 증명해 주는 일이거든. 공주 석장리에서 구석기 시대 유물이 다량으로 나오면서 우리나라 역사가 신석기 시대가 아닌 구석기 시대부터 시작되었다는 걸 확실하게 증명할 수 있었지.

　어린이들이 구석기 시대를 알아야 하는 건 우리나라 역사를 제대로 알기 위해 꼭 필요한 일이란다. 나는 어린이들이 옛사람들의 삶과 발자취를 정확하게 알고, 꼼꼼하게 따라가다 보면 바른 가치관을 지닌 어른으로 자랄 거라고 믿었어. 그리고 바른 가치관과 올바른 역사 인식을 바탕으로 잘못된 역사는 반성하고 빛나는 역사는 널리 알릴 줄 아는, 생각이 뚜렷한 사람으로 성장하기를 바랐단다.

초등학교 5학년 『사회』 교과서에 나오는 구석기 시대.

고고학이란 무엇일까요?

인류의 역사는 문자로 기록이 남아 있는 역사 시대와 문자 기록이 남아 있지 않은 선사 시대로 나눌 수 있어요. 선사 시대에는 구석기 시대, 신석기 시대, 청동기 시대가 포함돼요. 문자 기록이 없는 선사 시대를 알 수 있는 방법은 그때 살았던 사람들이 남긴 유물과 유적을 살펴보는 거예요.

유물은 옛사람들이 남긴 물건을 말해요. 옛날에 사용하던 그릇, 무기, 장식품 등이 유물이지요. 유적은 옛사람들이 생활한 흔적이 남아 있는 자리를 말해요. 유적에는 집, 싸움터, 무덤 등이 있어요.

옛사람들이 남긴 유물과 유적을 연구하여 과거의 문화, 역사, 생활 모습 등을 연구하는 학문을 고고학이라고 해요. 고고학을 연구하는 사람을 고고학자라고 하고요. 인류가 지난 시대에 남긴 흔적을 찾아내는 고고학자는 사람이 먹고 버린 짐승의 뼈, 사람이 길렀거나 채집한 곡물과 식물의 열매까지 소중하게 발굴한답니다. 지금 우리가 생활하며 남기는 흔적 하나하나가 훗날 고고학자들에게 귀중한 자료가 될지도 몰라요. 세계 곳곳에는 저마다 소중하게 쌓아 온 사람들의 생활이 있고, 그것이 역사의 한 축이 되는 거예요.

유물 발굴 현장
옛 전쟁터에서 고고학자들이 유물을 발굴하고 있다.

고고학이 왜 인문학일까요?

"○○동 공사 현장에서 삼국 시대 집터 발견!"

이런 뉴스를 들어 본 적 있나요? 요즘도 건물을 짓기 위해 땅을 고르다 수천 년 전 사람들이 살았던 집터를 발견하는 일이 있어요. 그곳에는 어떤 사람들이 살았을까요? 어떤 모습으로 살았을까요?

이 질문에 대답을 들려주는 것이 바로 고고학이에요. 고고학은 유물과 유적을 통해 옛사람들의 생활 모습과 역사적 사실을 밝혀내요. 그뿐만 아니라 동굴이나 암석에 그린 그림이나 예술품을 통해 옛사람들이 어떤 생각을 하며 살았고, 무엇을 중요하게 여겼는지 알아내지요.

고고학자들은 아주 오래전 사람들이 사냥감이 잘 잡혀서 배불리 먹고살기를 바랐고, 생명을 안전하게 보호받기를 원했고, 비가 제때에 내려 농사가 잘되기를 하늘에 기원했음을 알아냈어요. 옛날과 지금의 생활 모습은 많이 달라졌지만 사람들의 바람은 크게 달라지지 않았다는 걸 알 수 있지요.

이처럼 고고학은 역사적 사실을 알아내는 것에서 한발 더 나아가 인간이 살아오면서 변한 것은 무엇이고, 변하지 않은 것은 무엇인지 탐구해요. 그래서 시간이 지나도 변하지 않는 가치가 무엇인지 찾고자 해요. 앞으로 우리가 살아가야 할 방향, 즉 삶의 가치 말이에요. 그것이 바로 고고학 속에 담긴 인문학 정신이라고 할 수 있어요.

석장리 유적지 전경

| 작가의 말 |

삶을 풍요롭게 하는
인문학 여행을 마치고 온 여러분께

　여덟 명의 인물들과 함께한 인문학 여행, 즐거웠나요? 처음 이 책을 마주했을 때, 여러분은 '인문학'이라는 말에 얼굴을 찌푸렸을지도 몰라요. 발음하기도 어려운 철학자들의 이름과 어려운 글귀가 가득 차 있을 거라 생각했을지도 모르고요. 그런데 지금은 어떤가요? 적어도 이 글을 읽고 있다면, 그 여행이 그래도 꽤 즐거웠다고 믿어도 되겠지요?

　인문학을 한마디로 쉽게 말하면 '인간을 탐구하는 학문'이라고 할 수 있어요. 인간의 생각과 문화를 연구하고, 인간이라면 누구나 지니고 있을 법한 문제와 고민들을 깊이 탐구하여 인간이 좀 더 행복하게 살 수 있는 방법을 찾아가려 하는 학문이지요.

　우리는 어떻게 하면 어린이들이 인문학과 친해질 수 있을지 생각하다가 초등학생이라면 한 번쯤 품어 보았을 만한 고민과 궁금증에 대한 답을 옛날 사람들의 삶에서 찾아보았어요. 인문학 초보자인 여러분을 돕기 위해서 딱딱한 인문학의 개념을 친숙한 인물을 통해 풀어 써 보았고요. 철학과 언어학, 고고학과 역사, 문학과 건축학, 음악과 미술 등 분야별로 인문학적 가치를 몸소 실천하며 살아간 인물들의 삶을 통해 인문학을 쉽게 이해할 수 있도록 고민했지요.

    자신의 분야에서 최선을 다하며 사람들에게 도움이 되는 길을 깊이 고민한 여덟 명의 인물을 만나는 동안, 여러분은 누가 가르쳐 준 답이 아니라 스스로 답을 찾으며 인문학에 한 걸음 더 가까이 다가갈 수 있었을 거예요. 이제 우리가 여러분에게 질문을 던졌듯, 여러분 스스로 질문을 던져 보세요. '사람은 왜 사는 걸까?', '공부는 왜 해야 할까?', '전쟁은 왜 일어날까?'. 또한 질문에 그치는 것이 아니라 여러분 스스로 질문에 대한 답을 찾아보세요. 그것이 이 책을 쓴 또 다른 이유랍니다.

    물론 이 책 한 권을 읽었다고 인문학을 다 알게 되는 것도 아니고, 천재가 되는 것도 아니고, 성적이 좋아지는 것도 아니에요. 하지만 장담할게요. 여러분이 인문학과 조금씩 가까워진다면 어떤 사람이 좋은 사람인지, 어떻게 해야 다른 사람과 더불어 평화롭게 사는 세상을 만들 수 있는지 진지하게 고민하는 사람이 될 거예요. 지금 우리가 사는 세상에는 그런 고민을 하는 사람들이 꼭 필요하답니다.

오늘·최미선

사진 제공

- 28쪽   공자 사당 © Gisling
- 28쪽   공자상 © Havelbaude
- 29쪽   『논어』 © 국립민속박물관
- 30쪽   소크라테스 © Sting
- 71쪽   『사기』 © 국립민속박물관
- 72쪽   『삼국사기』 © 문화재청
- 73쪽   『조선왕조실록』 태백산사고본 © 문화재청
- 92쪽   베토벤 동상 © Dickbauch
- 112쪽 세종 대왕 © 천사(1004)
- 112쪽 『훈민정음 해례본』 © 문화재청
- 112쪽 『용비어천가』 © 문화재청
- 112쪽 『월인천강지곡』 © 문화재청
- 113쪽 『동국정운』 © 문화재청
- 137쪽 월트 디즈니 콘서트홀 © Daniel Hartwig
- 156쪽 허균 영정 © 연합뉴스
- 156쪽 1960년대에 발행된 『홍길동전』 © 국립민속박물관
- 159쪽 책 읽는 어린이 © 이희주
- 178쪽 손보기 교수 © 고 손보기 교수의 유가족
- 178쪽 석장리에서 발굴한 몸돌 © 문화재청
- 178쪽 석장리박물관 © 문화재청
- 180쪽 하르초른 전쟁터 발굴 현장 © Axel Hindemith
- 181쪽 석장리 유적지 전경 © 문화재청

* 이 책에 사용한 사진은 해당 사진을 지닌 단체와 저작권자의 허가를 받아 게재한 것입니다. 허가를 받지 못한 일부 사진에 대해서는 저작권자가 확인되는 대로 게재 허가를 받고 사용료를 지불하겠습니다.